U0146938

中国的品格

楼宇烈　著

四川人民出版社

readers-club

北京读书人文化艺术有限公司
www.readers.com.cn
出 品

目　录

再 版 赘 言

本书出版后，常有读者问及为什么书名要叫《中国的品格》，中国主要有哪些"品格"？

所谓品格，可以说是一种德行、一种格调。品，本身有品味、品类的意思，指的是分类的问题，即被划分到了哪一类，是低层次的，还是高层次的？中国古代的官衔讲位居几品，可见品就是类，即看你在哪一个等级上。格，就是格调，也是层次的问题。每种东西都有它的品格，做人有做人的品格，一个国家有一个国家的品格。品格一词，人们可能有不同的理解，也可以从不同的角度去领会。何谓"中国的品格"？我想是根植于中国传统文化之中，是中华文明所打造出的一种特有的品质。本书讲述的就是中国文化的基本脉络和基本精神，读者可以从中体悟什么是"中国的品格"。

本书分为八章，其中第二章讲人文精神，是本书的核心。从某种意义上说，中国文化所特有的品格就是"人文精神"。所谓人文精神，有两个突出的特点。首先，人文是相对于神文和物文来讲的。中国人更注重的是精神生活，而不是受神、物的支配，因此中国文化"上薄拜神教，下防拜物教"，使人的自我价值得到了充分的体现。其次，人文精神更多的是强调礼乐教化。中国讲究人文教育，而不是武力和权力的压制。

中国文化的核心，强调人在天地万物中的核心地位，突出了人本主义精神，这一特征又是通过人文教育形成的。中国文化虽然突出人的地位，但也非常尊重人生存的环境，尊重万物。因此，中国文化讲究"重天道"和"法自然"，又崇尚"人道"，重视礼乐教化。这些都是中国文化的特征和品格。

中国的品格蕴含在中国传统文化之中，而中国传统文化主要是由儒、释、道三教组成的，三者都提倡人要反省自求、提升自我。

儒家讲求天时地利人和，提倡自己创造，而不是坐等。儒家最核心的一个理念就是：只有自己做好了，所有的外力才会辅助你，即所谓的"皇天无亲，惟德是辅"。强调自己品德的提升才是根本。儒家认为"尽己之心"就能"尽物之心"，然后"参天地之化育"，主张"修身、齐家、治国、平天下"，使人自身和各种关系都得以和谐发展。

佛教讲人的一切烦恼、痛苦都是人自身造成的。从根本上讲，佛教是用来治心的，除去贪、嗔、痴之心，还自我以本来的面貌，尊重人的心性。佛教之所以能在中国生根，很好地融入中国的本土文化，就是因为它提倡内省，反求诸己，这和中国文化的向内精神正好契合。

道家认为，要遵循天地万物的自然本性，不能以个人的意愿去随意改造，强调自然无为。不单是对自然，对他人也应该尊重，使其按本性去发展。只有按本性发展，才能达到最充分、最完美的状态。道教也强调反省自己，不干涉他物，因势利导。

中国文化提倡认识自我，主要是认识人的本性。它强调人在天地万物中，既和万物一样，又和万物不同。人具有主动性和能动性，在万物中拥有最大的自由。这种主动性应当正确使用，任意妄为就会损害本性。因此在实践原则中，中国文化坚持"中"与"和"，"中"就是恰如其分，"和"就是平衡，不做过分的事。

人生活在群体社会中，群体要发挥作用就必须有"礼"来规范每个人。人人按其身份、地位履行各自的职责，社会才能正常运转。礼的规范根植于人性和人类社会的本性。个人价值的实现，一定要得到他人和社会的认同，必然要对他人和社会作出贡献。因此，做人就要尽伦尽职，按自己的身份地位做好自己该做的事情。礼是社会所必需的，也是公民素质的体现。从这一角度上讲，中国的品格也就是建立"礼仪之邦"。所谓的礼仪之邦就是指：每个人都清楚自己的身份、地位、责任和义务；人与人之间互相尊重，理解包容，礼貌恭敬，从而形成一个良好的生存环境。中国社会自古就非常重视礼，讲究遵循社会规则。中国的礼，是在尊重人的本性的基础上确定下来的，也是随时代变化而变化的。重建礼仪之邦的信仰，高举人文精神旗帜，需要将儒、释、道三教很好地结合起来。所谓礼仪之邦凸显的就是中国文化的人文精神。

另外，这里我们所讲的中国的品格，也是相对于西方文化来讲的。近代西方文化虽然是在冲破了中世纪的宗教文化，并吸收了古希腊罗马文化传统和中国文化后逐步形成的，但西方文化更多的是强调理性和个人自由意志。理性并没有错，但过分强调就会走向极端，成为教条和独断。理性离开了经验，就会成为无源之水，因为经验是理性的基础，理性只有回到经验才会发挥作用。中国文化则将经验和理性很好地融合在了一起，它更关注的是礼仪之邦的建立和人文精神的发扬，其中包含价值观念、思维方式、生活样式、信仰习俗等。礼乐教化就是教人之所以为人，使人认识到自己是万物中最灵最贵的，要发挥自己的主动性、能动性；同时又不能藐视万物，而要善待其他事物，认识到天地万物是一体的。

中国品格的另一个体现在于，中国人是整体关联的思维方式，也就是我常说的"整体关联，动态平衡"。中国的学说里没有西方那样的还原论。静态可以被还原，动态是不能被还原的。整体关联和动态平衡是中国文化中的两个核心。中国人不是用教条的理论，而是用一种自然合理的思维方式来看待事物，而西方的现代思想更多的是强调科学合理。科学合理和自然合理，二者的相同之处都是尊重事物的本来面貌，但差别就在于，一个希望通过科学找到事物的本来面貌，再将个体的本来面貌扩大为整体的本来面貌，强调普遍适用性；另一个则尊重个体差异性。引申到治理国家上，平衡才可能带来一个和谐的社会，否则动乱就会发生。和谐社会就是要使各种矛盾得到相对的平衡。

在处理人与自然的关系时，西方文化更强调让自然适应人类，过度地改造自然，因此引发了现代生态环境的很多问题。而中国文化虽然强调人是万物中最灵最贵的，但也要尊重其他的事物，不是要别的事物听命于自己，而是要万物按自己的规律发展，不主张人为的强制。这就是道家"自然无为，因势利导"的思想。推自然之势，改造自然，适应自然，这恰恰是人文精神的体现。

人应该追求什么？什么才是真正意义上的发展？人要

获得真正的自由就要既不受物的约束，也不受神的约束，还自我以本来面目。人需要一定的物质基础，在有了一定物质保障的前提下，还要提升自己的精神追求。现在的发展理念往往只是满足人的额外的物质追求，从文明的角度讲反而是一种倒退。物质发展了，精神也要发展，在发展精神文明的时候，传统文化可以给我们提供丰富的资源。

现代社会最缺乏的就是人文精神。在物质生活水平飞速发展后，自我的失落成了现代社会中人们所面临的最大问题。现在人们所感受到的最大的精神痛苦就是做不了自己的主人，而被大量外在的东西，特别是物欲所支配。在自我无法解决的时候，又求之于神。但人的问题还是要人自己去解决，发挥自己的能动性。这就是现在提出的精神开发和自我认同的问题——不是认同物，也不是认同神，而是认同人自己。

中国传统文化的根本特征就是注重人的精神生活，提倡人文主义。在世界文化的发展历程中，中国文化曾在很长一段时间内走在世界的前列。过去有人批判中国文化，认为中国人只陶醉于自己的精神文明中。在当时经济落后的状态下，这也许有其合理性。但经过近现代一百来年的发展，中国社会的物质水平得到了很大的提升，精神文明反而丧失了、落后了。在这种背景下，中国文化中注重精神文明、强调德行的理念正好契合了现代社会的需求，有很大补益的作用。不仅是在中国，两次世界大战后，西方的思想家也都在呼吁人文精神的重现，提出了新人文主义。而重现人文精神，最丰富的资源就是东方文化。

儒家崇尚人道的礼仪教化，道家尊重天道的自然无为，佛教则注重人性的净化，礼仪之邦正是由这三方面构架而成的。同时，由此演化出的"整体关联、动态平衡"，以及主张"中"与"和"的思维方式，共同塑造了中国的品格。重建礼仪之邦，弘扬中国的品格正是我们现在社会所急需的。

出 版 缘 起

2006年6月的一天，北京读书人VIP俱乐部的汤小明、张顺平和邓景异三位先生来茅舍茶室品茗谈事，其间谈及时下社会上"国学热"的种种现象，他们也想在俱乐部内为会员们普及一些正确的传统文化知识，并希望我为俱乐部成员设计一条学习中国传统文化的路子。

当时，我按照自己多年来形成的一个想法，即"三玄""四书""五经"为中国传统文化根源性经典，以及想要真正把握中国文化的根本精神就必须从原典入手等，向他们宣传了一番。谁知他们三位相当认同我的想法。于是，当下就一起拟了一个"三、四、五、六"（"六"是选了六部佛典）的系列讲读计划，并趁热商量了礼请哪些专家担任讲解和导读，以及争取在两三年内逐步完成等问题。谈到这里，他们说，为了让听者了解我的想法，这个原典系列讲读最好由我来开头。没想到，原来只是帮着出谋划策，结果却是"引火上身"。

不过回头一想，他们的意见也有道理。于是我就说，我来讲一个"总论"吧，把中国传统文化的一些主要内容、特点、精神和现代意义等问题概括地讲一讲，以便大家进一步去学习原典时有一点准备。之后，经过几天的思考，我决定把这个"总论"分八个题目来讲，这就是大家现在在这本书中所看到的八个部分。

在这个"总论"中，我想尽量把我对中国传统文化的一些基本看法讲给大家听，但由于准备将来在网络上播放，每次讲座都要录像，所以时间上规定为每次两小时。而且由于讲座时我只准备了一个简单的提纲，讲着讲着时间不够了，后面的题目就只能讲得简单一点，甚至省略不讲了。因此，一些题目中的有些问题就无法展开了，有些问题则或详或略。整个讲座既不充分，更不那么严谨、系统。这可能只能向大家说声抱歉了，或者说留些余兴，以后再来探讨吧。

此外，对于中国传统文化的解读、认识、体会和思考，人各有不同，这是正常的现象。我在这里讲述的只是个人的一些浅见、陋见而已，讲出来只是想给人们提供一种参考，并不想强加给任何人。只是希望我的这些浅陋之见能引起更多的人，特别是青年，来关注我们的传统文化，了解我们的传统文化，反思我们的传统文化，发展我们的传统文化。在世界多元文化交流中，树立起一种文化主体意识，用我们传统文化中的丰富资源，创造性地走出一条具有鲜明中国特色的现代化道路来。

　　这里，我还想对最后两讲作一点说明。在我的脑子里一直有这样一种感觉，即中国的传统文学艺术，最深刻地传达了中国传统文化的精神境界和生活情趣；中国的中医，特别是中医理论，最全面地体现了中国传统文化的根本观念和思维方式。这也就是说，中国传统文化的核心价值观和基本思维特点，最充分地体现在传统文学艺术和中医理论中；反之，对传统文学艺术和中医理论的了解和把握，可以更深刻地体悟中国传统文化的根本精神和思维特点。所以，我在"总论"讲座中安排了"中国文化的艺术精神"和"中医与中国文化"这两讲。可是，我对传统文化艺术，特别是中医，虽都看过一些书，但总起来讲是知之甚少的，是没有资格讲这两讲的。而我之所以不怕出丑，要勉强讲这两讲，就是为了表达上述这种感觉，希望能引起大家的关注，把传承传统文化与保护中医和传统艺术联系起来，使中国传统文化的传承和发展能以道统艺，由艺臻道，道艺并进，形神俱完。把血肉丰满、神气十足的中国传统文化展示在世人面前。至于讲座中的幼稚、错误之处，尚请方家见谅和指正。

这八个题目，分八次讲，从2006年7月初开始，一直到12月中才讲完。在讲座进行过程中，汤小明、张顺平和邓景异等先生不断向我反映说，听众听了都觉得颇有启发，希望能把讲座的内容整理成文字稿，如果能出版，也许会对更多人有所启示。我同意了他们的建议，但我自己没有时间来整理，经过商量，决定由邓景异先生负责整理讲稿。当我讲完最后一讲后不久，他就把全部整理稿交给了我。邓先生为整理此稿花了不少的心血，可以说，没有邓先生的精心整理，就不会有这本书的出版。最后，当然还应当感谢北京读书人文化艺术有限公司的汤小明和张顺平先生等，没有他们的策划、组织、督促，我可能就完不成这一系列讲座，当然也就不会有本书的出版。

第一篇

中国文化的百年沉浮

近代以来，西方人凭借坚船利炮打开了中国紧闭的大门，西方的思想和理念开始冲击中国古老的文化。经过鸦片战争、洋务运动、戊戌变法、辛亥革命、新文化运动……中西文化之争不断，时至今日，这种争执依然存在。随着全球化的不断推进，人们逐渐意识到人文精神的重要性，而人文精神正是中国文化特有的品格。

中国文化何去何从

什么叫文化？从一般意义上来讲，文化就是人类创造性的实践和理论的结晶，它包含着一个民族的价值观念、思维方法、生活样式和信仰习俗等，跟一个国家的历史和传统密切相关。

从某种意义上来说，文化就是历史的载体。我们说中国有五千年的历史，不是指某一个具体的朝代，而是指整个中国文化的积淀和传承有五千年。所以，如果一个民族、一个国家的文化主体性失落了，那就意味着这个国家的历史中断了，它的民族精神和传统丧失了。因此，维护本民族的文化主体性是非常重要的，但是这一点现在正受到巨大的挑战。

在当今世界，随着国际互联网和信息技术的迅速发展，文化的开放和交流势不可挡。这本来是一件好事，因为世界不同文化之间的对话和交流将是维护世界和平、推动世界发展的一种重要方式。但文化交流的前提是多元文化的共存，如果世界文化的发展都趋向一元，那么既无法交流，也无须交流。

遗憾的是，在经济全球化的趋势下，文化也在向全球化发展。当今世界上一些强国的强势文化正在深刻地影响着其他国家的文化传统。

我们讲强势文化，说得坦率一点，就是美国文化。在当今世界上，美国文化是一种强势文化，它正在以非常强大的力量和惊人的速度向全球推进。它不仅严重影响了发展中国家民族文化的主体性，同样也在影响着那些有着古老历史文化传统的欧洲国家。所以目前在欧洲，不管是法国，还是西班牙、德国，同样都在思考，对于美国的强势文化，应该采用什么方法来应对。

维护多元文化的存在，保持和发展自己民族文化的主体性，可以说已经成为当今世界许多国家、民族最为关切的一个问题。不然的话，自己民族特有的历史、传统、精神都会在强势文化的影响下，慢慢地消退，而失去文化主体性以后，国家的独立性也就丧失了。

但我们不能采取抵制的办法，干脆不交流，这是不行的。当前有一些国家，特别是伊斯兰国家，有时候就会采取一些完全排斥外来文化的办法来保护自己，比如现在的伊朗，甚至连一些美国的音乐都不准放。这样能不能解决问题呢？绝对解决不了问题。随着全球化进程的推进，文化交流的趋势是不可阻挡的。

因此，现在的挑战就是：我们怎样在与强势文化的交流中，保持一种清醒的文化主体意识，既汲取对方的营养，又不丧失我们自己的民族文化，维持我们在这个世界上的独立性？

这并不是一个新问题。一百多年来，我们实际上一直都在面对这个问题、处理这个问题。但是这个问题有没有解决？没有解决！不但没有解决，形势还越来越严峻。在今天的中国人中，懂得自己民族文化精髓的人越来越少了。因此，在我们重新探讨这个问题的时候，回顾一下百年来的经验教训是十分必要的。

中西之争

近代的反思

一百多年来，我们一直面临着西方巨大的压力，在很多时候，我们的国家甚至面临着灭亡这样一种巨大的危险，所以大家一直关注的问题就是：怎样救亡图存？怎样使中国强大？方法是什么？就是向西方学习。因为摆在我们眼前的事实是西方强大，中国弱小。于是，就开始了一浪高过一浪的西化运动。

我们最初提出来的一个口号是："师夷长技以制

夷。"这是鸦片战争时期著名的思想家魏源提出来的。师，就是学习；夷，当时是指外国人。就是说，首先要学习外国人或者说西方人的"长技"，学习他们的优点。

在当时中国人眼里，西方人的"长技"是什么呢？就是船坚炮利。大家觉得西方人之所以能战胜我们，就是因为他们技术比我们发达，能够制造出军舰、大炮这些现代化的武器。所以中国首先应该学习西方的"器物文明"，学习西方人在技术方面的长处，学习好了我们再跟他们抗争。

鸦片战争结束以后，中国就开展了洋务运动。鸦片战争发生在1840年，而洋务运动是从1861年开始的，当时李鸿章、张之洞这些人都是洋务运动的核心人物。

洋务运动的主要任务就是"师夷长技"。为此，李鸿章们开办了江南制造厂等现代工业，建起了一支很强大的海军——北洋水师，而且也向西方派了一大批留学人员，造就了一批人才，大家都感觉不错。

但是到了1894年，发生了甲午战争。我们都看过电影《甲午风云》，大致知道是个什么状况。中国的北洋水师，经过30年苦心经营的北洋水师，面对小小的岛国日本，居然一仗就被打垮了！被彻底打垮了！

因此人们就开始反思，认识到仅仅只对器物方面进行改革，仅仅只向西方学习科学技术是不够的，如果没有好的政治制度来保证，器物文明学得再好也没有用。当时有一个著名的思想家，叫严复，他就总结道，西方之所以能够取得现在的成就，绝不仅仅是靠船坚炮利的器物文明，更重要的是他们还有一个现代的、民主的、平等的政治制度，并且通过共和的形式或者君主立宪的形式来保证这种制度文明的有效运作。

所以，甲午战争之后，中国的一些先进的知识分子——康有为、梁启超、严复、谭嗣同等人都来推动制度的改革。但对如何改革，大家显然有着不同的看法。有的人主张学法国大革命以后建立起的共和制度；有的人主张向英国学习，搞君主立宪。

开始的时候大家都还想搞君主立宪，因为当时和我们最相似的日本，它的明治维新搞的就是君主立宪，既然它能成功，我们为什么不能成功？于是就有了戊戌变法。

结果大家都知道，戊戌变法虽然推出了很多新政，但是最后还是失败了！这里面的原因很复杂，现在有人简单地把它归咎到慈禧太后身上，我看也不公平。我想当时是很复杂的情况，是各种势力综合作用的结果，有国外的势力，也有国内的势力。总之，戊戌变法失败了，有一些人也牺牲了，谭嗣同被推到菜市口给砍了头，其他一些人都流亡了，康有为、梁启超等都流亡到日本去了。

戊戌变法的失败说明了什么呢？它说明光有器物改革不行，还要有制度改革，但制度改革如果仅仅停留在制度本身也是不行的。戊戌变法结束以后，有人说，整个戊戌变法的改革最后就剩下了一个成果，什么成果呢？京师大学堂，就是现在的北京大学，其他的都烟消云散了，一切照旧。当然这只是一种说法而已，其实也不能说一点变化都没有。因为一件事情发生以后，不可能完全退回到原来的状态中去，一定会有所变化。

另外，还有一批希望发动民主革命、建立共和制度的人，就是以孙中山为代表的"革命派"。民主革命派虽然最后推翻了清王朝的统治，却没能将辛亥革命的成果保存下来，后来被袁世凯窃国，复辟了帝制。所以辛亥革命也是不完整的，只是赶走了清朝的皇帝，就整个中国而言，改革还是没有成功。

于是人们又反思，怎么回事？为什么改革始终不能成功？人们就发现我们深层的思想意识里有问题——我们的思想还是旧思想，观念还是旧观念，而改革一定要彻底地从思想观念上去改造，然后才有可能改变制度，改变器物。所以接下来就有人开始酝酿、发动新文化运动。

一般认为新文化运动发生在1919年，其实早在1915年就开始了。新文化运动就是要彻底地检讨中国的传统文化。当时的人们认为改革之所以没能成功，就是由于中国传统文化自身存在的宗法的、血缘的、封建专制的观念太顽固。这些观念如果不破除的话，中国就不可能进行彻底的制度改革，更没有办法彻底地改革物质文明。

新文化运动使改革深入到了意识形态这个层次。这个时候中国开始更加积极地向西方文明学习，比如创办西式学校，引进西方的各种思想，以西方意识形态为武器对传统进行彻底的批判。从形式上来看，当时最核心的批判集中于对儒家的批判，也就是所谓的"打倒孔家店"。

比如有一位著名的四川学者，叫吴虞。他写了好几篇文章，认为中国的落后、贫穷，主要是长期以来顽固的宗法血缘制度和观念造成的，这同时也形成了中国长期以来的封建专制制度。他的文章影响很大，当时胡适就称吴虞是"只手打倒孔家店"的四川老英雄。

从那时起，人们就开始激烈地批判传统的儒家思想，认为只有破除传统的道德观念，我们才可以有一个新生的机会。同时，在新的教育制度的推动下，整个学科的构建也发生了根本性的变化，研究学问的方式、方法也都发生了变化。

但是，也有很多人在反思这样批判传统是不是有片面性，或者说有不够慎重的地方。特别是到1914年欧洲发生了第一次世界大战以后，许多欧洲的学者都在反思，欧洲文明既然那么好，怎么还会发生这样一场残酷的世界大战呢？这同时也引起了许多中国学者的反思。第一次世界大战结束以后，很多人就到欧洲进行考察，比如梁启超，他是康有为的大弟子，是戊戌变法的主将之一。他到欧洲考察后，回来就写了一本书，叫作《欧游心影录》，记录在欧洲游历时的所见所闻。

在欧洲，梁启超看到了第一次世界大战以后社会萧条的状况，这反映出欧洲文化也不是十全十美的。于是他就反思说，我们过去想的就是一切都是欧洲的好，西方的好，中国的都一无是处，所以希望用西方的思想来彻底改造中国的传统文化，但这样真的就对吗？

就这样，梁启超等知识分子从欧洲考察回来以后，思想有了很大的变化，他们感觉到不能再像以前那样简单地看待西方文化和我们的传统文化，西方自然有他们优秀的一面，但我们自己也有一些优秀的传统，应该有所鉴别地学习西方的东西。

这些从欧洲考察回来的人，当时就在中国掀起了一股国学热。我们现在也讲国学热，当时也有一个国学热，也有国学讲堂。很多人觉得，经过对传统的几次批判后，回过头来看，中国文化其实也不是一无是处，也应该认真对待。

但是，在那个时候，整个中国社会的主流还是向西化发展，有些人研究传统并不是为了保护传统。比如胡适，胡适很早就提出要整理国故，而且也确实写了不少关于传统文化方面的东西，有一些也很有见地。但是胡适的目的他自己就讲得很清楚，他说："我研究国故的目的是要从国故里面去找那些垃圾，把这些垃圾给找出来，然后彻底地把它给清除掉。"

当然，也有很多学者采取了比较客观的、公允的看法。比如说有的人提出来，我们不但要学习西方，同时也要认真地研究中国传统的东西，使得这两者能够更好地结合起来。但是我刚才讲了，当时社会的思潮整体还是倾向于全盘西化。

西化思维的冲击

当时人们还没有明确提出"全盘西化"的口号，但是人们的心中是这样想的。到了20世纪30年代，中西文化的争论还在激烈地进行，这时有一些学者公开地举起了全盘西化的大旗。1933年年底的时候，中山大学有一位教授，叫陈序经，他在《中国文化的出路》这篇文章里，就把当时国内学术界关于中国文化的主张分成了三派。一派他称之为"复古派"，即主张保存中国固有的文化；还有一派他称之为"折中派"，就是提倡调和中西文化；第三派他称之为"西洋派"，即主张全盘接受西洋文化。

陈序经自己非常明确地表示，他是特别主张第三派的，要让中国文化彻底地西化。至于理由，他说主要有两点：第一，西洋文化的确比我们进步得多；第二，西洋现代文化无论我们喜欢不喜欢，都是现在世界的趋势。

从当时的情况来讲，我想第二点理由是很有道理的，当时世界的发展趋势就是西洋文化的趋势，无论愿不愿意都得接受，所以就应该完全向西方学习。如果固守自己的传统文化，只会阻碍社会的前进，只会阻碍现代化。这个观点是有普遍意义的，一直到今天，还有很多人是这样认识的。

而第一点就不能说对了，什么叫西洋文化的确比我们进步得多呢？陈序经对这一点有一点说明，这更是有点奇怪。他说西洋文化无论在思想、艺术、科学、政治、教学、宗教、哲学、文学上都比中国的好。不仅如此，他说就是在衣食住行的生活层面，我们也不及西洋人讲究。所以他的结论是，在西洋文化里面可以找到对中国的好处；反之，在中国文化里面就找不出对西洋的好处，这是他主张全盘西化的一个理由。

虽然我们说这个理由有点奇怪，但我想现在很多人可能还有这种想法。我们现在整个社会的趋势，我感觉基本上还是全盘西化，尽管现在没有人公开地像陈序经这样讲。有的人可能也不赞成这样的说法，但实际上却是在不自觉地这么想。

我简单举一个我自己比较有切身体会的例子，就是我们在学校里面作学术研究时，人们也都认为西方的研究方法比中国的研究方法来得好，处处用西方的研究方法来研究中国的学问，这是很现实的情况。一个最明显的例子就是，很多人可能都会听到或者感受到中医已经不行了。中医不行了，这是什么意思？最根本的问题就是我们用西方医学的理论去诠释中医的理论，结果把中医的理论完全解构掉了，已经不是中医原来的那一套精神或者理论了。

我们对传统文化的许多研究也是这样。我认为，经过这一百来年的改造，很多对传统领域的文化研究都已经全盘西化了，尽管我们没有这样说，但事实上就是这样。也就是说，我们的思维方式已经发生了根本的变化，这可以说是一个很严重的问题。产生这样严重的问题的根源是什么呢？简单地讲，就是认为西方的理论、方法比我们先进这种不自觉的意识！

最近我常跟人讲，我们现在的状况就像禅宗里面讲的一个故事。一个很贫困的人怀揣着宝珠，自己却不知道，只好沿街乞讨。佛教里常常用这个故事来说明佛性就在你心中，可你老是看不到自己心中有佛性，只好到处去求别人给你讲。怎么样才能成佛啊？你告诉我，你教教我。其实成佛要靠你自己，因为佛性就在你自己的心中，所以说他是抱着宝贝到处去乞讨。我们现在就是这样，我们的传统文化中有许多宝珠，我们看不到它，反而到处去求别人，别人的好像就是比我们的先进，比我们的好。

中医就是一个典型的例子。中医的理论那么丰富、那么深刻，可是不好好去钻研，《黄帝内经》居然成了中医学院学生的选修课，而不是必修课！还有关于戏曲的理论，明清以来的戏曲理论是丰富得不得了的宝藏，我们不好好去研究，却专门请一些导演来导昆曲，而这些导演都是用西方的那套戏曲理论来导！我们有那么丰富的宝贝不去用，却从这儿讨一点来，从那儿讨一点来，把我们的戏曲搞得不中不洋，不古不今，不知道是个什么东西。

传统的反抗

20世纪30年代的中西文化争论很有代表性。但当时的争论并不是单向的，有全盘西化论，也有中国本位论。当时一个最著名的事件发生在1935年，10位著名的教授共同发表了一个宣言，这个宣言叫作《中国本位的文化建设宣言》，劈头第一句话就是：

> 从文化的领域里面去展望，现在世界里面固然已经没有了中国。而中国的领土里面也几乎已经没有了中国人。

这话说得非常尖锐、非常激烈，我想当然是夸大了。现在放眼望去，可能在世界领域里面中国文化有受到重视，但在我们自己的领土上中国文化还未受充分重视，我们自己尚未完全认识到它的价值。

我讲这句话的目的是想提醒大家，不要一味地去追随、模仿外国，而要使中国的政治、社会和思想都具有中国的特征。这个说法我想很像现在倡导的要建设有中国特色的社会主义吧。这10位教授的宣言里还有许多内容我想也讲得很有道理，它说：

> 中国是既要有自我的认识，也要有世界的眼光，既要有不闭关自守的肚量，也要有不盲目模仿的决心。

我想这是值得我们今天来回顾的，在70多年前，1935年时人们的一些想法，到今天似乎也没有过时。

接下来它还讲：

不守旧、不盲从，根据中国本位采取批评态度，应用科学方法来检讨过去，把握现在，创造将来。

这个主张很有启发意义，也很实在。可是当时这个宣言提出以后，遭到了主张全盘西化的人的批判。有一些人说这个主张其实是"中学为体，西学为用"的一种翻版。

我们知道，"中学为体，西学为用"是在洋务运动的时候，由张之洞提出来的。当时中西文化交流的过程中，出现了中学、西学这样的概念，还出现了旧学、新学、洋学、国学等概念。洋务派主张从器物方面去学西方，但在精神、意识形态层面不能学西方，还要固守中国的传统。所以，当时洋务派的代表人物张之洞就提出来："中学为体，西学为用。"他这个论点一经提出，立刻就遭到了改良派和革命派的批判，他们认为要革命，不仅要在"用"上进行改革，"体"上也要改革，这些理由可以说也是很充分的。

比如说，改良派的一些人，包括严复在内，提出了一个比喻，说"中学为体，西学为用"这个说法是不成立的。因为就像马和牛，有马之体就有马之用，有牛之体就有牛之用，你怎么能要求牛体而有马用呢，这是不可能的啊。所以"体"和"用"是不能分开的，应该一致。牛之体只能牛用，马之体只能马用。我们现在要改革，不可能以牛之体去求马之用。

这个讲法应该说很有道理，在当时来讲，改革是必须要触动根本制度、意识形态和精神层面的，所以这种批判有一定的合理性。

但是这个比喻并不完全恰当。牛、马是很具体的东西，而文化是属于精神和器物两个层面的，这两个层面并不一定要完全一致。不能说我们现在有了计算机这样最先进的"用"，脑子也一定要像计算机一样。一个完全遵守中国传统伦理道德与观念的人同样可以很好地去利用计算机，利用最先进的技术。

所以，这个比喻在当时来讲是很有意义的，但放到现在就并不一定完全如此。这不是一个简单的器具问题，而是具体的器具跟人的精神世界的问题，在这种情况下，"体"和"用"可以不完全一致。就像有一首歌唱的，身上穿着洋装，但是我只有一颗中国心。穿着洋装，就一定有一颗西洋心？不一定是这样。

中国文化的本位意识问题提出来后，有学者就讲，如果没有本位意识，是绝对不可以与外来文化接触的。这话说得也太绝对，为什么呢？因为他说一个民族如果失去了自主性，是绝对不可能吸收他族的文明的，只能被他族所征服。只有恢复中国人的自主性，才能有吸收外族文化的主体资格。

所以当时就提出，要建设中国的本位文化必须先建设中国的本位意识，不然，"那我们一切的努力就会归于白费了"，我今天讲文化交流与文化主体意识这个问题，实际上也是有这样一个想法在里面。

剪不断，理还乱

到了20世纪80年代，中国又出现了一个所谓的"文化热"。什么是文化热呢？实际上讨论的就是中西文化的问题。当时的问题是：我们是要大量引进西方的文化，还是要弘扬我们自己的传统文化？为什么会出现这样的问题呢？我想稍微有一点年纪的人都会记得，那时候出现了所谓的信仰真空和信仰危机。因为"文化大革命"以后，大家对马克思主义，在某种程度上失去了过去那种信仰的坚定性，产生了很多怀疑，很多人不知所措，于是当时有些人就认为是出现了信仰真空、信仰危机。找什么东西来填补呢？实际上就是两个方面，一个是西方文化，一个就是我们的传统文化。所以当时的文化讨论实际上就是这个问题，其来源就是对马克思主义信仰坚定性的衰退。

在这场关于中国文化何去何从的争论中，又出现了很多对中国传统文化的批评，比如说，认为中国传统文化没有开放性、没有创造性，等等。接下来就出现了"河殇现象"，不知道大家还记得不记得。《河殇》就是要打破中国人对自己文化的回归。当时的一些中国人还纯粹陶醉于自己所谓的优秀的、历史悠久的传统文化中，《河殇》就是要说明这个所谓的优秀文化全都是黄土地文化，而不是蓝色的海洋文化，我们应该抛弃黄土地文化，去拥抱海洋文化。《河殇》当时的主题就是这个，就是要让中国人惊醒，不要沉迷于过去的传统文化，而要去拥抱海洋文化。

这样提对不对？引发了一次大的讨论。

到了20世纪90年代又有一次所谓的"传统文化热"，一个标志性的事件，就是1992年北大成立了一个传统文化研究中心。当时《人民日报》的记者对此有一个采访，然后他们结合当时整个社会上的一些动向写了一大篇报道，登在《人民日报》上面。我记不得是哪一天了，整整一大版报道，"国学热在燕园悄悄兴起"，大概是这么一个题目，记不太清了。这在当时并不是北大孤立的现象，实际上是全国的现象。因为在《河殇》出来以后，大家对《河殇》有许许多多的批评，对于《河殇》中的很多说法也有不同的看法。

而近几年来，我们可以看到又出现了所谓的"国学热"。这些不断的讨论说明了什么呢？说明我们这个社会在变革发展的过程中，传统文化跟现代文化、外来文化有了一种纠缠不清的关系。我记得日本有一位马克思主义历史学家，叫作永田广志，他曾经说过这样的话，传统这个东西，我们想把它原封不动地保存下来，这是不可能的，永远做不到；另一方面我们想把它彻底地砍断，这也是不可能的，它总是千丝万缕地跟现在牵连在一起。我想这个看法是辩证的。正因为这样，我们从19世纪，也可以说从我们开始向西方学习以来，就始终不断地讨论着这个问题。

文化也要全球化吗

　　为什么前面要特别提到传统文化、现代文化、西方文化这三个概念呢？因为现在我们有很多人把现代文化跟西方文化画上了等号，其实这个等号是不能成立的。20世纪30年代那场讨论里面，有很多人已经提到了这个问题。他们非常明确地提出，现代化不等于欧化或者西化。有的学者讲，科学化、近代化和欧化不是同一个意义。我们虽然需要科学化、近代化，但不必欧化。还有学者讲，现代化可以包括西化，西化却不能包括现代化。

　　我觉得这些观念都是值得我们认真思考的。现在还有很多人脑子里面把现代化跟西化画等号，这其实就是我们现在真正地走向现代化的一个很大的思想障碍，也是我们现在正确地认识自己的传统文化的一个极大障碍。我想后面这一点可能大家比较容易理解，这确实是我们正确认识传统文化的一个障碍；可是为什么又说它是我们真正走向现代化的障碍呢？这可能就不太好理解了。其实这里面涉及一个对于文化差异性的认识的问题。不同文化之间的差异究竟是什么？这个问题其实是非常重要的。在较长的时间里，中国传统文化跟西方文化（以前主要是欧洲文化，现在是欧美文化）的差异，常常被我们看作是时间上的差异，或者是历史上的差异。很多人讲中国文化是农业文明，西方文化是工业文明，现在是信息时代的文明，所以中国文化跟西方文化是一种时代的差异。

对不对呢？我们不能说它全是错误的，确实有时代的差异，但是这种文化的差异是不是仅仅是时代的差异呢？那就不尽然了。因为文化的差异除了时代的差异，还有类型的差异。而且，文化的差异并不是说这个时代的文化就不能延伸发展到另一个时代，并不是说农业时代创造的文明，只能适应于农业时代，不是这样。因为有的文明、有的文化具有超时性，并不是只有在这个时候才可以存在，那个时候就不能存在了。这一现象我们可以看得很清楚，最简单的例子就是文学、艺术。我们能说王维的画、李白的诗对我们现代人来讲，没有一点意义，我们一点都欣赏不了吗？实际上，古人的诗画杰作，无论何时创造的，都有一种超越时代的价值。

相对于时代的差异，中西文化类型上的差异要复杂得多。如果说只是时代的差异，那么我们可以通过社会的变革和观念的变革迎头赶上，甚至于消除这种差异。但是文化类型上的差异，是不能用这种方法解决的，而且其中可能有一些差异是永远不能消除的。因为文化类型的差异是在各地区、各民族长期的发展过程中形成的，凝聚着这些地区、民族的历史和传统，体现着不同地区、民族的特有性格和精神风貌，并因此深刻地影响着不同地区民族、国家文化发展的总体方向和特点。

所以我一直主张要对文化发展进行认真的研究。一个国家如果没有对文化发展进行总体的战略性的思考，那么这个国家的文化发展肯定是无序的、混乱的。现在很多国家都非常重视文化发展的战略问题。美国有文化发展战略的专门研究机构，欧洲许多国家也有。亚洲像日本、韩国，也都非常重视这个方面。我觉得我们国家在这方面做得还远远不够。

对不同文化类型上的差异是不应当强求一致的，事实上也不可能强求一致。当然，这并不意味着不同类型的文化之间就不需要进行交流了，更不是说不同文化类型之间就不可能进行交流。事实上只有存在差异，才有交流的必要性和可能性，如果没有这种类型的差异，还交流什么呢？

从古至今，不同类型的文化之间的交流在不断地进行着，互相融通是一种交流，互相冲突其实也是一种交流。交流总是一种文化作为主体去吸取另一种文化中对自己有益的营养成分来丰富和发展自己。正因为如此，所以我一开始就讲到，不同文化之间进行交流时，是不能没有主体意识的，否则就会出主而入奴，就会沦为其他文化的附庸。如果说在一百年以前，我们注重中西方文化时代的差异有其合理性的话，那么今天我们更应当注重类型上的差异。只有意识到这种类型上的差异，我们才能够更好地主动地去寻找相互之间的互补性，也就是说取长补短吧。所以并不是消除相互之间的不同，也不要走所谓的文化趋同。不能像经济全球化、一体化那样，要求文化也全球化、一体化，我想这样的全球化实际上是以强势文化去取代弱势文化。

路在何方

欲灭人之国，必先灭其史

20世纪70年代以后，世界各国特别是发展中国家在政治上取得了某种程度的相对独立，经济上也有了一定的发展，于是，就开始对文化进行反思。同时，经济全球化的过程也增强了人们对自己传统文化的重视，开始认真地去思考应该如何对待它们。所以，从20世纪80年代以来我们可以看到一种现象，就是文化的寻根意识。

在文化趋同的发展过程中，同时出现了一种文化寻根意识，这并不奇怪。人们越来越意识到这样一个道理，就是越具有民族性的文化，就越具有世界意义。我们打造的很多文化产品，应该更多地具有中国的民族性，这样拿到世界上去，人家才会承认你。如果你打造出来的文化产品，跟流行艺术一样，人家还看它干什么呢？看他自己的就可以了。所以，从20世纪80年代开始，联合国教科文组织就在酝酿怎样来保护文化遗产的问题，特别是对非物质文化遗产的保护。

但是一定要记住，保护遗产并不是要把它变成跟现代流行的文化一样的形式，而是要保护它本来所具有的那种民族特色，让它呈现出它的世界意义来。

我们现在虽然高喊要保护、传承、发扬我们的传统文化，但如果我们在做这些事之前，没有树立起一种文化的主体意识，那么，我们这样去保护它，反而会使它丧失本来的民族特性。很可能发生的一种情况就是，尽管我们表面上做得轰轰烈烈，结果——用一句现在时髦的话来讲——反而是解构了我们的传统。所以，我觉得树立我们的文化主体意识是非常重要的。

树立这种主体意识，就是要强调以我为主、以传统为主，而不是去迎合时代、迎合现代人的欣赏趣味；就是要认识到我们传统中有这样一种样式的文化形态，不管是艺术，还是其他什么，总之，有这样一种样式形态存在。

如果你把这种样式变成现在人人都能够接受的、都能够欣赏的，那就失去了这种样式的意义。所以这是一个非常重要的问题。而这个问题实际上又涉及现代化是不是西化的问题，传统跟现代是不是截然对立的问题。是不是我们要实现现代化就必须割断传统？是不是像现在很多人认为的那样，中国几千年的文明、文化是中国迈向现代化的一个包袱？我想不是这样的，其实每个民族要真正走向现代化，都只有根植于自己的传统、自己的文化才行！

前面我提到梁启超，第一次世界大战以后，他去欧洲考察，回来写了一本《欧游心影录》的小册子，反思对西方的看法。实际上，他当时还发表了一篇文章，这篇文章很有意思，叫作《中国与土耳其之异》，他为什么会写这篇文章呢？因为当时土耳其一心一意地想脱离亚洲跻身于欧洲。土耳其在20世纪20年代，有一位总统叫作凯末尔，他当时就用他的权力全面推行土耳其的西化，或者说是欧化，要彻底地摆脱原来它作为伊斯兰国家、亚洲国家的背景。土耳其确实比较孤单，它地处欧、亚、非三洲交界的地方，一直面临着是走欧洲的道路，还是走亚洲的道路的问题，就像蒙古一样。我在20世纪90年代初曾经去了一次蒙古，见了他们国家的宗教局长。他当时就跟我们讲，蒙古很想回到亚洲，因为蒙古毕竟还是在亚洲，继承的是亚洲的文化传统。

而土耳其在20世纪20年代想的就是要走向西方、要西化，所以它彻底地改变了，无论是在政治制度上、思想观念上，还是在生活方式上，都彻底地改变了。比如，我们知道伊斯兰的妇女出门都要蒙头巾，但土耳其就取消了这个要求。后来，土耳其甚至取消了一直用的阿拉伯文字，而改用西方的文字。这个问题就很严重了，它推广以后，彻底地改变了一代人。这一改革实际上是中断了自己的历史文化传统，因为年轻的一代不能读传统的典籍了，读不了了，阿拉伯文不认识了。就像现在在中国，我们要找出能够很顺利、很精确地读古书的人也不容易，在全中国能够找出多少人来？不多了。

文化是历史的载体，语言文字又是文化的载体。所以20世纪80年代初期，欧洲着急什么呢？着急他们的语言文字里掺杂进去了英语，特别是美式英语，西班牙当时就提出要纯洁语言。这个问题在日本是最严重的，日本语汇中外来语很多，而外来语的变化又迅速得很。日本的很多学者就常常跟我讲，他们如果出去待个一两年，不接触国内的文献，回去以后很多书就看不懂了。

中国一直以来是非常重视历史的。近代有一位很著名的学者，叫龚自珍，他讲了一句很有名的话，我常常引用这句话。龚自珍在研究春秋战国历史的时候，从中总结出了一套经验，其中最重要的一条就是"欲灭人之国，必先灭其史"。我觉得这句话的意义是非常深刻的。要灭掉一个国家，首先要灭掉它的历史，让这个国家的人民都不知道自己国家的历史了，那么还有这个国家吗？没有了。

所谓的"灭其史"，也就是灭掉它的文化。你釜底抽薪地把一个国家的语言文字都改掉了，它的人民连自己国家的文字都不认识，连自己国家的文化都不知道，还会认同它吗？一个不认同本国文化、文字和历史的人，你让他爱国，他爱得起来吗？

我们现在进行爱国主义教育，我认为最核心的问题就是要认同我们自己的文化。现在的某些年轻人心里一天到晚想的都是美国的生活方式、美国的文化，你一定要让他爱国，有时候是很难为他的，他没有认同感啊！所以，爱国的基础建立在对本国文化的认同上，当然也可以说是对本国历史的认同，对历史的认同也就是对文化的认同。

我记得好像是前年吧，不是有很多人提出来要保卫汉语的纯洁性吗？当然，我觉得我们的汉语虽然有问题，但还不至于到土耳其那样的状况，也不至于像韩国。韩国，还有朝鲜，它们的民族情结很深，所以就废除汉字，不让用汉字，害得现在韩国和朝鲜的年轻人读不了古代的文献，这不就是割断历史吗？所以在20世纪90年代，韩国朝野各界展开了一次激烈的讨论，就是讨论汉字的问题。汉字是不是应该保留？是不是应该在小学、中学里教孩子们认汉字？这实际上是一个文化传承的问题。

土耳其一心要挤入欧洲，成功了吗？没有。实际上，西方国家和西方人从来没有把土耳其看成是一个西方国家。土耳其大概是在1952年成为北约的成员，后来一直想加入欧盟，但是这么多年了，都没有能够挤进去。而苏联解体后，许多欧洲的国家，如波兰、匈牙利、捷克，原来虽是社会主义国家，但很快被欧盟吸收了。可土耳其努力了几十年，人家还是没有接纳它。

实际上，土耳其成了一个"人格"分裂的国家。它形式上要走向西方，内心却又深受伊斯兰文化的影响，这就形成了一种"人格"的分裂。

这种情况在中国有没有呢？其实也有。我常常讲，中国近代许多人的人格是双重性的。前面我提到的吴虞，他被胡适称为"只手打倒孔家店"的四川老英雄，他对传统的文化与儒家思想的批判是非常成功的。但是吴虞的性格有两重性，如果有机会可以去看看他的日记，从中就能看到，他实际上一方面要反叛，要打倒孔家店；另一方面内心又觉得很空虚，打倒孔家店以后怎么办？要找到东西来填补啊。完全用西方的文化来填补，他又觉得接受不了。

怎么办呢？信佛吧。所以他在书斋里面布置了一个小佛堂。另外，在现实生活中，他也很矛盾：虽然批判传统文化，但他自己还要讨小老婆；虽然批判国家的专制、家长的专制，但他的女儿要自由恋爱、要结婚，不行！必须遵从父母之命，媒妁之言。矛盾啊！

再拿鲁迅来讲吧，他是近代的一面旗帜，是对传统批判得最激烈的一面旗帜，但是他的内心也一样啊，他还是非常遵守中国传统的孝道的。所以他母亲八十大寿的时候，他出资刻了《百喻经》。

又比如，胡适先生可以说是先进的吧，但他就娶了一个小脚女人做老婆！为什么？父母之命、媒妁之言不能违抗。所以我们可以看到，近代的人实际上都有两面性。

土耳其也是这样，表面上彻底西化，内心其实有强烈的伊斯兰文化底蕴。但当它想回到亚洲时，亚洲这边的人也害怕啊。1955年万隆会议的时候，土耳其要回来，却遭到了非西方国家和不结盟国家的集体反对。特别是伊斯兰世界，把它看成是亵渎了神的国家，坚决拒绝它，把它弄得里外不是人，很可怜。这就像《庄子》里"邯郸学步"的寓言说的那样，学了半年回来，那边的没学好，自己原来走路的方法也忘了。

传统乃现代之根

所以就是刚才我讲的，你想要彻底割断传统，是割不断的，它跟现在有着千丝万缕的联系；而你要想原封不动地把它搬到现在，也是不可能的，它总是会随着时代的变化而变化。我们只能通过不断顺应这个时代的发展去发展传统，传统才会有它的生命力，但是这个根子是绝对不能够断的。

其实每一个国家的现代化最扎实的根基就在它的传统里面。从这方面来讲，传统就是现代化取之不尽的源泉。所以传统绝不是现代化的阻力，这个观念必须要树立起来。

我们可以回顾一下西方国家走向现代化的过程，这个过程实际上也是跟古代传统文化息息相关的。我们知道西方走向现代化有两个大的事件，一个是文艺复兴，一个是启蒙运动。文艺复兴从14世纪开始一直到16世纪。文艺复兴都复兴了一些什么东西呢？它就是要冲破欧洲中世纪神权决定一切的文化。那么，从哪儿去找力量？到古希腊、古罗马，文艺复兴就是要倡导古希腊、古罗马时期的文化。

启蒙运动也反对中世纪文化，它和文艺复兴的不同之处就在于，在启蒙运动的过程中，大量汲取了东方文化中的人文主义精神。因为当时西方宗教改革以后，有一批传教士来到了东方，其中一些人到了中国、朝鲜半岛和日本，正是这些人把东方的文化带回了西方。到16世纪末、17世纪初，他们把很多的中国典籍也带回去了，像《周易》《论语》《史记》当时都被翻译过去了，这在西方社会引起了非常大的反响，因为它们让西方的改革者看到了一个理想的途径。在当时西方人的眼里，中国是以道德而不是神权来治理国家的，而这正是西方改革者所向往的。在那时，中国是西方人心中最理想的一个国家。

我们可以看到，西方在走向近代、走向现代的过程中，不仅从它自己的传统文化里汲取了营养，还从外来的文化中汲取了大量的营养。它的近代文明并不是古已有之的，而是在汲取了这两方面的营养后，再创造的。它并没有割断自己的历史，并没有抛弃自己的传统。

我觉得这对我们来说很有借鉴意义。对中国人来讲，认同、接受传统文化，其实有两个最大的思想障碍，就是五四运动时提出来的，当时认为中国文化最缺乏的两个东西——德先生、赛先生，也就是民主和科学。我们一谈到要走向现代化，都认为必须抛弃中国的传统。

我觉得这种看法其实是需要重新来检讨的。人们往往认为西方文化中本来就有民主，但实际上，西方近代的民主也是在对传统和外来文化的接受的基础上构建出来的，它并不是古已有之的。中国古代有很多这方面的思想萌芽，比如古中国就有"民为邦本""民为贵"这样一些思想。当然，这些思想并不等于现在的民主概念，但如果从欧洲走向近代的过程中，中国的这些人文精神所起的作用看，这些思想对于发展现在的民主思想是有借鉴意义的。西方人都能够用这些"民为邦本""民为贵"的思想发展出他们近代的民主思想，为什么中国就不能呢？

我们如果仔细研究一下，就会发现中国古代社会并不像我们一般的印象那样，好像是一个绝对的专制主义。确实，皇帝有最后的决策大权，但还有各方面的制度对他进行约束和规定，并不是皇帝想怎么样就能怎么样的。

有人常说中国缺少法制，可是在历史上法律书最多的大概就是中国，而且规范得非常细致。但我们没有很认真地对待它，因为我们总觉得这些都是维护封建社会的，都是维护三纲五常的，不值得看。

我曾经讲过一个例子，用来探讨法跟情到底能不能结合在一起？是不是讲法就一定不能讲情？法不容情，我们的理念中似乎都是这样的印象。但过去是不是这样，有些情是不是应该合理地吸收在法理里面呢？这是值得研究的问题，不是那么简单的。

1993年我到韩国考察，就是想看看儒家思想在现代韩国还有什么影响。我从韩国的民法和刑法里面发现了一个针对窝藏罪的条文。窝藏罪就是你偷了东西，或抢了东西我给你窝藏起来，最后发现我是窝主，那是一定要治罪的。不仅偷的人要治罪，窝藏的人也要治罪，这是没有问题的。但如果窝藏者是他的父母，或者是他的子女，则可以从轻发落，本来是判10年的话，可能只判5年了。这个条文马上让我想到了《论语》里面的一句话，"子为父隐，父为子隐，直在其中也"。父亲要为子女隐，子女要为父亲隐，而且"直在其中也"。我又想到我们是怎么做的呢？经过"文化大革命"的人都知道，父母要揭发子女，子女要揭发父母，阶级立场要坚定，哪能互相包庇？

反过来在韩国的刑法中还发现了另外一条——伤害罪。如果是不相干的两个人，或者一般的朋友，你伤害了我，我伤害了你，当然要判刑了。但父母伤害子女或子女伤害父母，则不仅要判刑，而且要重判。同样的伤害罪不相干的人判5年，父母伤害了子女，或子女伤害了父母，那就要判10年。

从这两个例子来看，很显然，韩国是将儒家的思想运用在情与法的关系里面了。我觉得这是值得我们借鉴的，我们不能简单地因为它是儒家的思想就否定它，它也有一定的道理。在儒家思想里，血缘关系是很重要的，就像我们常常讲家庭是一个社会的细胞，家庭和谐了，社会也和谐了；家庭混乱了，这个社会就和谐不起来。如果一个人在家里都不尊重、爱护老人，那么他到了社会上也不可能尊重、爱护别人。这是儒家的道理，推己及人啊！所以最重要的是要培养在家庭里尊敬长辈，要父慈子孝。这其实是一种双方的关系，要建立起这种家庭关系，破坏了这一点就会给社会带来混乱，这种观念应该根植在人们心中，在法律上也要体现出来。

我想现在的中国还没有这样的思考，而在韩国这种思考已经体现在法律里了。所以我觉得，怎样重新认识我们的文化传统？这里确实有很多的问题需要我们认真来思考。

内忧与外患

我们现在的形势很严峻，因为在"文化大革命"期间，对传统的东西已经进行了一次彻底的铲除，把根都挖掉了。这一百多年来，我们对传统文化采取了一系列的变革。开始是从器物方面变革，接着从制度上变革，然后又从所谓的意识形态，或者说是伦理领域里进行变革，但这些在某种程度上都还没有触及根子。为什么呢？因为文化最后是要落实到我们的日常生活习俗中去的。所以尽管其他方面有很多变化，但是我们的生活习俗可能还是相当顽固地延续着。

可是，在"文化大革命"期间，这种传统的习惯也被彻底破除了。"文化大革命"中"破四旧"，破什么四旧呢？旧思想、旧观念，这还属于我们刚才讲的那些，接下来的旧风俗、旧习惯，就是根上的东西了。它彻底地把我们生活习惯中的许多传统观念和那些已经凝固在我们生活习俗中的东西破除了。如果我们理解了这一点，就可以明白，为什么香港人在思想观念、生活方式上可能比我们西化得多，但在很多的家庭生活习俗上，却比我们保守得多。因为他们没有经过这一番破除旧风俗、旧习惯的洗礼。台湾也是这样。

我们现在的家庭里面确实已经很难有这样一些东西了。我在韩国的时候，到一个朋友家里去。这个朋友年纪比我长一点。到他家后，他就让他的儿子向我跪下来行礼，因为我是他父辈的朋友。尽管他的儿子已经四十多岁了，但还是跪下来向我行礼，这一点，我想在中国大概已经看不到了。

我们现在常常是这样，家里来了客人，会让自己的孩子叫叔叔、阿姨、爷爷、奶奶，过年甚至还会让孩子给长辈磕头什么的，这时，受礼的人肯定会说："不用了，不用了。"这大概和中国传统的谦虚的习惯有一定关系，但这种谦虚的习惯恰恰会让孩子们忘掉传统，忘掉人与人之间的长幼关系。所以我常常讲，该受的礼就不要推辞，别人对你恭敬，那么你就要爱护他，要还过去。这样他就知道了，慢慢地习惯后，社会的人伦关系也就能建立起来了。

当我们在生活中把这些传统习俗都破除掉以后，现在要重新建立起这种习俗是相当困难的。有的时候学校会教导孩子要这样做，可是回家后家长就给他破除掉了，跟他说，不用这样。有时候在家里形成了这样的习惯，结果到了社会上又给他破除掉了。所以现在要重建这些东西很困难，但是社会上能没有这些礼吗？不能啊。

尽管我们现在不断呼吁，很多人也在以实际行动致力恢复传统习俗，比如现在有很多人提倡儿童读经，还有很多人则像我这样，在讲我们传统文化中的一些优秀的东西。但是从整体上看，目前社会对于传统文化的认同和理解还是在不断衰减，而且可以说是一代一代在衰减，这其中的原因是很复杂的。

还有一点需要关注的是，尽管现在有些人也很想来做这方面的工作，但是由于他们的整个思维模式已经发生了变化，所以能不能够准确地诠释我们传统文化的精神，这也是一个很大的问题。比如说现在我国列入非物质文化遗产的有古琴、昆曲，有很多人想去弘扬它们，这是好心啊，没有错。但是由于这些人的观念已经被西方的思维模式支配了，所以往往会想一些方法使所谓的昆曲或者古琴来适应现代社会，也来个现代化。我想，这样越努力恐怕越会使得这些东西失去它们真正的价值。所以，虽然我很敬佩这些人，但是我也很担心他们。

继承与创新

怎样才能准确地诠释我们的传统文化呢？我想，最根本的一点就是要改变我们现在的思维模式。即便一个人常常会想到自己民族有几千年的文化传统，但如果他同时又认为这几千年的文化传统都是糟粕，那么这个传统就是他的一个包袱，就是一个阻力。

我想，我们祖先留下来的这些文化遗产，并没有规定我们只能这样去理解，而不能那样去理解，也没有规定我们只能取这些，不能取那些。对于传统文化的传承，主动权全部在我们现代人手里。如果我们说，我们今天之所以会如此，都是祖先造成的，是他们留下的传统使得我们这样，我想这就是在推卸责任。

曾经有人在讲这个问题的时候，举了一个例子。他说，我们如果以一次接力赛跑来打比喻的话，前三棒的人都跑在别人的前面，你最后一棒落在别人后面了，你说是前面人的责任，还是你的责任啊？所以他说，我们的祖先在相当长的一段时间里面（过去常常讲一直到16世纪）都处于世界领先的地位，后来我们落后了，我们就去埋怨祖先们如何如何，这对吗？就像刚才那个比喻，前三棒都跑得快，都跑在前面，你跑最后一棒却落后了，你说都是前三棒不好，这公平吗？所以我说这是在推卸责任。我们把一切过错都归咎于传统，但传统并没有规定你一定要学什么东西，一定只能拿什么东西。我们如果能够改变看问题的方式，从传统中去找那些对今天有启发意义、有鼓舞意义的东西，那么这几千年的文化就是我们最宝贵的财富和前进的动力。

确定了主体意识，我们看问题的方法就会有一个彻底的改变。在没有主体意识的情况下，我们看待自己的文化常常用非主体的，或者是别的主体意识去看，一天到晚看这个也不好，那个也不好。如果我们是站在自己的主体立场上来看，也许就可以看到传统中很多好的地方，就会发现财富原来就在自己这儿。我觉得这样一个改变是非常重要的，在这样的过程中，确定文化主体意识是有非常重要的意义的。

现在有一种说法，认为像土耳其当年的做法，实际上是一种自宫式的现代化。自宫，我想大家都知道。特别是看过金庸小说的人，都知道要练一种最上乘的武功，首先要自宫，自宫了以后才能练成这种武艺。土耳其的做法就是这样，要把自己的文化根子砍断，好像只有这样才能走向现代化。好多人提出来，中国要走向现代化，千万要防止走上土耳其那样自宫式的路。只有在继承传统的基础上走向现代化，这个现代化才是有根的。

我们经常提倡要创新，我觉得这是一件很好的事情。我们的确需要不断创新，但是创新不是凭空的，所有的创新都是在继承的基础上进行的。而且我觉得从某个角度来讲，继承得越好，就会创新得越好。

我还是举个艺术方面的例子来说明这个问题。不管你学戏也好，学画也好，学书法也好，如果既不临帖，也不临摹，不向老一代好好学习，就自己创新，那你能创新出什么东西来呢？有可能创新吗？如果你各种帖都临得很熟，我可以说，你不想创新都不行。为什么呢？因为你有体会了。

中国文化就是在继承的过程中不断地令我们有体悟，从而创造出新的东西。画画也是这样。要不然所谓的创新只能是一种表面的粗糙的变化，只能是一种新奇、一种猎奇。这种猎奇性的创新是没有任何生命力的。大家只能有一时之快，过一段时间再看看，就会觉得实在是不耐看，经不起推敲。而如果你是在继承传统的基础上进行创新，那一定是生命力旺盛的，我们一代一代的发展就是这样来的！历史上哪个有名的书法家、画家不是在艰苦地继承前

第一篇

人的基础上进行创新的？

我常常讲，中国最有希望成为世界第一的就是医学。为什么？因为我们学习了许多西方医学的理论，西方的医疗手段、方法，我们自己又有那么深厚的中医传统，如果能够把这两方面结合起来，实际上没有哪个国家能超越我们！可是我们自己断根了，中医的东西都不要了，只知道跟在西医屁股后面拼命地跑，追也追不上。所以我们的医学现在在世界上地位不高，本来是最有希望的东西，现在却落后了。

这个经验教训是非常深刻的，值得我们认真思考。有的时候想来想去，觉得我们有很多东西实际上是"出口转内销"。人家把我们的东西拿去了，做出了成果，我们觉得，哎哟，不得了，这个是先进的，再拿回来一看，实际上就是从我们这儿拿过去的。

最典型的例子就是所谓的文官制度，我们说要向英国学习，英国却说他们就是从中国学来的。很多管理的手段，我们也想向人家学，结果发现，他们也是从中国学去的。美国的贝尔实验室的管理方法就是"无为而治"，弄得很好。

这就是出口转内销啊！出口转内销就身价百倍，我们自己却好像是没有什么可取的东西。所以，不要再学禅宗故事里讲的那个贫儿，身带宝珠却还要沿街乞讨，我们应该很好地发掘自己的"宝珠"。

但是，千万不要排斥别人的好东西。我们提倡主体意识，绝不是妄自尊大，也绝不是妄自菲薄。现实的情况是，有的时候我们会妄自尊大，有的时候我们又会妄自菲薄。我想，只有树立起主体意识，才不会这样走极端。因为一旦有了主体意识，我们对自己文化的不足之处就会看得很清楚，对别人文化的长处自然也能看清楚，这样就能取长补短，使之恰如其分。

失去了主体意识，不是盲目自尊，就是盲目自卑，看不清别人的优点在什么地方，自己究竟缺的是什么。这时候向别人学习，就会把所有东西都一块儿拿回来，这其中可能更多的是垃圾。

所以，我觉得在今天这样一个不可阻挡的文化交流的潮流中，树立起文化的主体意识是一个前提。有了文化的主体意识以后，我们再看自己的传统文化，就能从一个崭新的视角去重新审视。

第二篇

中国传统文化的品格：人文精神

人文精神是中国传统文化最鲜明的特征，它有两个突出的特点：一是『上薄拜神教，下防拜物教』，注重人的精神生活，使人不受神、物的支配，凸显人的自我价值；二是强调礼乐教化，讲究人文教育，反对武力和权力的压制。『以人为本』的观念是人文精神的核心，『天人合一』的思想则体现了它的精髓。表现在思维方式上，就是『整体关联，动态平衡』的人文思维。

以人为本

惟人万物之灵

对于中国传统文化，如果我们从整体上来把握的话，人文精神可以说是最主要和最鲜明的一个特征。什么是人文精神呢？我想它的核心就是以人为根本。

早在西周时期，中国的典籍里就有"人为万物之最灵最贵者"这样一种思想。所谓"最灵"，就是最有灵性的，"最贵"就是最重要的，万物中间哪一个东西最重要呢？就是人。在《尚书》中，就有这样的说法："惟天地万物之母，惟人万物之灵。"（《尚书·泰誓上》）天地是万物之母，而人则是万物之灵。

先秦的儒家思想家荀子曾经把天地万物分成四类，他说："水火有气而无生，草木有生而无知，禽兽有知而无义，人有气有生有知，亦且有义，故最为天下贵也。"（《荀子·王制》）

"水火有气而无生"，就是说水火有气但是没有生命，这是第一类。"草木有生而无知"，就是说草木虽有生命，但它没有知识、没有智慧，这是第二类。第三类是禽兽，所谓"禽兽有知而无义"，就是说禽兽有认知方面的功能，但是它没有义。这里的"无义"实际上指的是没有礼义，因为在中国古代，讲禽兽和人的区别，主要指禽兽没有礼义廉耻所确立的伦常关系。如果说一个人违背了伦常，那就意味着他是禽兽，甚至禽兽不如。第四类就是人了，人"有气有生有知，亦且有义，故最为天下贵也"。人是什么都具备了，既有气又有生，既有知又有义，所以是万物中最贵重的。荀子用比较的方法，从现象上说明了为什么天地万物中间人是最贵的。

不仅如此，在中国传统文化中，人还被认为是直接参与到天地的变化中去了。如果没有人参与的话，这个天地的万物也是无序的，所以天地跟人并列为三，称为天地人三才。

天地人各有什么样的功能呢？荀子曾经这样来讲："天有其时，地有其财，人有其治。""天有其时"，就是说天有四时的运行，春生夏长秋收冬藏。万物在春天生长，在夏天成长，在秋天成熟，到了冬天就闭藏起来了。那么地呢？地能提供各种各样的东西，使生命能够延续，所以"地有其财"。人呢？人参与到天地中间去治理万物，使得万物有一个秩序，所以说"人有其治"。

人为什么能治理万物呢？荀子认为关键就是人有礼义廉耻这样一种伦常关系。这种关系确定了人有各自不同的地位和分工，因此就能形成一个有效的群体，可以发挥集体的力量。这种力量是水火草木禽兽所没有的，荀子称之为"明分使群"。虽然人的力气没有牛那么大，跑步的速度也没有马那么快，但是他却可以支配牛和马，让牛和马来为人服务，就是因为人能"群"，而牛马不能"群"。

在天地万物中间，人居于一个核心的地位，天能生地能养，但是它们不能治。而人呢？由于"明分使群"，是一个群体，而且在这个群体中间，有圣人制定的礼来明确不同的分工和身份职位，就能够发挥集体的力量，因此人就能够支配万物、治理万物。这也说明，在天地人这三者中间，人是最具有主动性和能动性的。

养人之欲，给人之求

人的这种伦理关系起源于什么呢？荀子特别探讨了这个问题，他的说法在今天来看也是非常合理的。荀子说道：

> 礼起于何也？曰：人生而有欲，欲而不得，则不能无求，求而无度量分界，则不能不争。争则乱，乱则穷。先王恶其乱也，故制礼义以分之，以养人之欲，给人之求。使欲必不穷乎物，物必不屈于欲，两者相持而长，是礼之所起也。（《荀子·礼论》）

人生下来都会有欲望，有欲望就要去追求，如果追求不到，就会发生争斗，一旦发生争斗这个社会就混乱了。所以，君主们、先王们为了避免社会的混乱，就不得不制定礼仪，把人分成不同的等级。然后根据每个人对社会的贡献和对社会的需要来分配一定的物质，这样就使欲和物之间的需求和供给达到一种平衡。

可以看出，在荀子的眼里，礼的主要内容就是"明分"。我们不能完全否认荀子所讲的礼充满了宗法的、等级制度的内容，这是我们要批判、要抛弃的。但是，我们也无法否认，任何一个社会都需要一定的伦序，就是伦常和秩序，否则是无法安定和谐的。

荀子所说的理想社会，是一个群居合一的社会。既要群居又要使其能够合一，就必须要明分，必须要有差异。荀子的理想跟我们常常讲的儒家的大同理想是不一样的。大同的理想是要建立一个没有任何分别的、各取所需的社会。可以说，荀子的理想是一个小康的理想。在这个理想社会中，必须要有分别、有等级，因为自然是不能够满足所有人的欲望的。如果对人的欲望没有限制的话，就会发生争斗，所以，就要制定礼仪来规定每个人在这个社会上能够享受的物质资源。荀子说："使人载其事而各得其宜。"即是按每个人所做的事情和他对社会作出的贡献来确定他最终的报酬。这也就是今天我们常说的，多劳多得，少劳少得。

总之，荀子非常注重社会的等级分别，因为这是维护社会稳定的必要前提。"明分"才能"使群"，还要看到每个人对这个社会的贡献是不一样的，只有承认这个差别，才可以做到社会的公平。

荀子曾经提出过这样一个看法，这话并不是他说的，他是引用《书经》里面的一句话，叫做"维齐非齐"。就是说要达到社会的平等，就必须"非齐"，一味追求"齐"，结果可能反而是"不齐"。现在来讲，这是一个对平等观念的理解问题。怎样才能达到平等呢？其实一定的不平等才是真正的平等，因为人们在智能、体能上都是有差异的，对这个社会的贡献也是有差异的。同样，人们的需求也是有差异的。如果都按照同一个标准来对待的话，那当然就不公平了。所以我一直觉得，荀子提出的"维齐非齐"这个观点是非常值得我们思考的。

上薄拜神教，下防拜物教

礼对人欲必然是一种约束，必须靠制度和习俗来维护，如果人人都没有尊重伦理礼仪的自觉，那么群体肯定是不稳定的。所以在中国传统文化中，就把人的道德情操的自我提升和超越放在了首位，注重人的伦理精神的养成，这一点正是中国人文精神的精华之所在。对照中国传统文化对人文一词的解释，我们可以清楚地看到这一点。

人文这个词，从现在能够查到的资料来看，最初出现在《周易》里。《周易》有一个卦叫做贲卦，里面有一句

话是这样说的:

> 刚柔交错,天文也。文明以止,人文也。观乎天
> 文,以察时变;观乎人文,以化成天下。

后来,很多的思想家和学者都对这句话作了解释。比如说三国时魏国的王弼就解释说:"止物不以威武,而以文明,人文也。"就是说如果能不用武力而用文明来使得天下万物各得其所,这就叫作人文。

到了唐代,有个大学者叫孔颖达,他又对这句话作了解释,他说:"观乎人文以化成天下者,言圣人观察人文,则诗书礼乐之谓,当法此教而化成天下也。"就是说,圣人观察了"人文",就以诗书礼乐来教育天下的众生,使得社会达到一个和谐的状态。

显然,人文就是不以武力,而以一种文明的办法,以诗书礼乐来教化人民,由此建立起一个人伦有序的理想的文明社会,这就形成了中国传统文化中两个十分显著的特点。

第一个特点是:高扬君权,重视师教而淡化神权。中国古代最崇敬的是什么呢?天地君亲师。因为天地是万物的生命之源,"亲"是某一类生命的来源,它代表的是某一类的祖先。比如说人类,人类有人类的祖先。而"君"和"师"是教化的根源,这些都是值得尊重的。这里没有神,有人因为受了西方宗教观念的影响,将"天"

和"地"解释为神，这是错误的。在中国传统文化的概念里，"天"和"地"并不是神。天地是生养万物的根本，但它是一个自然的过程而不是神的作用，在中国文化中，那种至高无上的、全知全能的神是没有的。在中国的历史上，神权从来没有超过王权。

第二个特点是：高扬明道正谊，强调人的道德的自我提升和完善。既然人在天地万物中是最具有主动性和能动性的，那么人自身的提升就是最根本的。所以，在中国文化中，明道、正谊、节制物欲、完善自我的人格这样一些观念，可以说是深入人心。

概括地讲，中国传统文化的人文精神，实际上包含了上薄拜神教、下防拜物教这样一种现代的理性精神。实际上，西方人文主义的两次发展都跟中国的传统人文精神有着相当密切的关系。

从某种角度来讲，现在西方的人文主义，或者人本主义正是吸收了中国传统的人文精神而发展起来的。为什么这么说呢？众所周知，西方的人本主义或人文主义是近代开始提出来的，是对西方中世纪以神为本的文化的一种反抗。什么是以神为本？就是神权超过世俗的王权，一切都要以神的意志为根本，凡是不符合神的、上帝的思想的文化，都要受到宗教裁判所的裁判，甚至于被扼杀。从某种意义上来讲，西方的中世纪也可以称为神文主义或者神本主义。当西方向近代社会迈进的时候，这种神文主义就很不适用了，必须要在思想文化上进行一次革命，最初是宗教内部的革命，然后是整个社会的启蒙运动。

在启蒙运动时期，西方主要是从两个方面来吸取营养。一个是西方的传统文化——古代的希腊、罗马文化；另外一个就是东方文明，特别是中国文明。当传教士把中国的文化带回欧洲后，欧洲的启蒙思想家就感觉到这是一个以道德为本的，以人的自我提升为主的文化。中国文化和西方的传统宗教文化——以神为本的文化完全不一样，是以人为本的。因此，他们就自然而然地接受并吸收了中国文化的精神养料，最终发展成近代西方的人本主义。

第一次世界大战以后，人们发现西方近代以来所走的以发展物质文明为主的道路，也存在很多的问题。因此，有一批思想家提出，要发展一种新的人文主义。第二次世界大战以后，这种需要就更加迫切了。不管是一战还是二战以后，西方的思想家在谈到新人文主义的时候，都提到应该到东方的古老文明中去寻找。为什么呢？因为中国的人文精神具有"下防拜物教"的特点，正是这一点吸引了他们。20世纪以来，西方寻找新人文主义的目的正是要防止拜物教的无限扩张。这跟它在17世纪、18世纪时，要冲破神是无所不能的情况正好是相呼应的。

西方两次提倡新人文主义，在某种程度上，都跟中国的传统文化有关联。他们都看到了中国传统文化中"上薄拜神教，下防拜物教"的这样一种人文精神的价值所在。

天人合一

顺自然

这些年来，人们常常把天人合一看成是中国文化的一个主要特征。的确，在天人合一的观念中，处处体现着中国传统文化里人文精神的精髓。如果不从人文精神这一点入手，我们就不可能理解中国文化中"天人合一"的本来意义。

首先可以考察一下，天人合一的思想是从哪儿来的？起源于什么地方？我们发现，这种思想跟中国原始文化中的自然崇拜，或者说天地崇拜，就是以天地为生物之本这样一种思想是相关的，同时又跟中国原始文化中的祖先崇拜相关联。

什么是自然崇拜呢？原始部落的人认为，在自然世界中，每一座山，每一条河，都有神灵在里面。他们有的时候就把这些神灵具体化、形象化，认为是产生生命的来源，这就是"自然之天"。

什么是祖先崇拜呢？在中国的原始部落中，每一个部落都认为自己的祖先，特别是那些对部落作出了重要贡献的祖先，去世以后就会在天上监视着子孙们，保佑着子孙们，所以他们非常崇拜这些祖先，认为他们能够保护自己。这种思想一直延续了下来，甚至在现代，还有很多人认为自己的祖先会保佑他们。这种祖先崇拜的"天"常常被称为"天命之天"。

天人合一中的"天"，其实是和自然之天、天命之天结合在一起的。后来人们又认为自然之天和天命之天跟人都是密切相连的，因此就有了天人合一的概念。

对于人跟自然之天的合一，在天人合一的概念里都有一些什么样的看法呢？在中国古代文化中，人跟自然之天的合一的中心是"顺自然"。

自然这个词要作一个解释。这个自然不是指自然界，我们现在讲的自然界，在中国传统文化中是用"天地万物"这个词表示的。在中国传统中，自然这个词的意思就是指"本然"，即万物原来的本性。所以，顺自然不是顺自然界，而是顺从一切事物的本然状态，顺从它的本性。

这一点在道家的思想中表现得最明显。道家思想一个鲜明的特点就是强调顺其自然。比如《老子》里面就有一句话，叫作"辅万物之自然而不敢为"，意思是我们只能按万物的本性去发展，而不能随意改变它。

长期以来，道家的"自然无为"思想被看作是一种消极被动、因循等待的思想，其实它有相当积极合理的一面。比如汉代的《淮南子》就对这一点有过精彩的论述。其中对"无为"的理解就是："无为者，非谓其凝滞而不动也，以其言莫从己出也。"（《淮南子·主术训》）这句话是什么意思呢？就是说无为并不是让人停在那儿不要动，什么都不做，而是应当"莫从己出也"，就是不要从自己的主观出发去改变事物。

《淮南子》总结说："若吾所谓无为者，私志不得入公道，嗜欲不得枉正术。循理而举事，因资而立功，推自然之势，而曲故不得容者。故事成而身不伐，功立而名弗有，非谓其感而不应，攻而不动者也。"（《淮南子·修务训》）无为就是"私志不得入公道"，即个人的意志和愿望不得入公道。"公道"是什么？公道就是自然，就是天地万物本然的状态。接下来还有一句话，"嗜欲不得枉正术"，嗜欲就是个人的嗜好和欲求，个人的嗜好欲求不得枉正术，正术是跟公道相对应的，就是指自然界的必然规律。所以无为是指你不能以自己的意志、嗜好去改变整个自然界的发展规律，这是从防止这个方面来讲的。

从积极方面来讲，无为是什么呢？"循理而举事"，即按照万物自然的客观的道理来做事。然后呢？"因资而立功"，就是根据事物本然的规律，最后很好地完成了这件事情。

总体来讲，无为是一种什么样的状态呢？就是"推自然之势"。自然之势本就是往这方面发展的，我们只不过是遵循它的规律，顺着它的趋势去推动它而已，这就是我们现在常常讲的"因势利导"。

《淮南子》对道家自然无为思想的这些诠释，应该很全面地说明了道家自然无为的思想并不是消极被动的因循等待，而是强调要在排除主观和私欲的前提下，主动地去因势利导，顺其自然地做事。

这是道家。儒家是不是也这样呢？其实儒家同样非常强调要因循自然。中国历史上有一个"大禹治水"的故事。本来舜帝是派鲧来治理当时的水灾，鲧的方法是堵。他看到哪儿出现水灾，就去哪儿堵住，结果越堵水灾越厉害，后来舜就把鲧罢免了，不仅如此，还把他给杀了，然后任用他的儿子禹来治水。禹治水的方法我们都知道，他是顺着水势进行疏导，把洪水排泄出去，洪水就治理好了。

以后的儒家就把大禹治水的智慧，看作是一种顺应自然的典范，认为这里充分体现了"有为"和"无为"在顺应自然这个原则下的统一。孟子对此有段非常深刻的论述，很有启发性。他说："天下之言性也，则故而已矣，故者以利为本。所恶于智者，为其凿也。如智者若禹之行水也，则无恶于智矣。禹之行水也，行其所无事也。如智者亦行其所无事，则智亦大矣。"（《孟子·离娄下》）

所谓"故"就是指事物已经呈现出来的一种现象、一种情况，孟子这里讲要谈一个事物的本性，关键就是要看它本来的状态。只要顺从事物本然之性，就可以达到最好的效果，获得最大的利益，所以"故者以利为本"。但是有些人往往因为私欲，用自己的小聪明去干涉事物的本性，这就非常令人讨厌了。如果能够像大禹治水那样去运用智慧，人们自然不会反感。因为"禹之行水也，行其所无事也"。大禹治水是完全按照水性来做的，他的智慧就在于认清了水性并顺应它。所以，孟子总结说，如果智者也能这样的话，那他的智慧就大了，是大智大慧。

无论是道家还是儒家，都告诉我们天人合一的核心是顺自然、顺万物的自然之性。我觉得这些说法对我们现代人来说启示很大，现在很多人都是逞人类之强，认为人类可以掌握自然、控制自然，能够随意地摆布自然。结果呢？人不断地受到自然的报复，说小了是越来越严重的沙尘暴，说大了是全球变暖引发的各种自然灾害。如果我们现在还不醒悟，那以后的事情会越来越麻烦。因此，讲中国的天人合一，首先要讲清楚这一层关系，就是人跟自然的合一问题。

王者以民为天

在中国的传统文化里，天人合一还有另外一层意思，就是人跟天命之天的合一，那么它的核心又是什么呢？就是"疾敬德"。"疾"是迅疾的意思，"疾敬德"就是说要把提高自己的德行放在最重要的位置。

这个观念起源于商末周初，是总结了夏商两代的经验教训后提出来的，最初出现在《尚书》的"召诰"里。这篇文章中有一段告诫周王的文字，就是要周王牢牢记住夏商亡国的教训，要注重提升自己的德行。

王敬作所，不可不敬德。我不可不监于有夏，亦不可不有监于有殷。我不敢知曰有夏服天命，惟有历年，我不敢知曰不其延，惟不敬厥德，乃早坠厥命。我不敢知曰有殷受天命，惟有历年，我不敢知曰不其延，惟不敬厥德，乃早坠厥命。……肆惟王其疾敬德，王其德之用，祈天永命。（孔颖达《尚书正义》）

这段文字说道：我们不能忘记夏和殷的经验教训，我们不敢说上天就只给了夏和殷这么长的国运，是他们自己没有很好地提升自己的德行，才早早亡国的。所以我们必须把德放在最重要的位置，这样才能够祈求上天来永远保护我们国运长久。

这里讲到了天道，天道是什么？是赏善罚恶。天命并不是永远的，就看你有没有德行。你有德就可以保持你国运的长久，没有德，那么你的国家就会灭亡。

这个天命最初就是祖先崇拜，认为自己的祖先会在上面监视自己、保佑自己。现在又说天命并不是永远的，既然天命是无常的，它又怎么会来保佑你呢？所以当时又提出来这样一个观念，叫作"皇天无亲，惟德是辅"。皇天这个天，是不分亲疏的，只会"惟德是辅"，就要看你有没有德，有德我就保佑你，没有德我就不保佑你，不管你是不是我的子孙。

古代讲天子是受命于天的。为什么叫天子？天子就表示他是天的儿子，当然就是受命于天的。这个天是不是一种有意志的"天"呢？是不是一种神话了的"天"呢？这是一个很关键的问题，这里我想先讲一个故事。

在《孟子》这部书里，记载了这样一件事情。一个弟子曾经问孟子：尧把帝位天下让给了舜，这件事情是怎么回事？难道是尧私自把这个天下让给了舜？孟子说，怎么可以这样说呢？天下不可能是私相传授的，尧有天下是天命授予的，并不是尧把这个天下随便就让给了舜。弟子又问，天是怎样来表达它的意志呢？怎么来告诉尧可以把帝位让给舜呢？是不是天向尧发布了命令呢？孟子马上告诉他，这怎么可能呢？天不会主动讲话的。弟子接着问，既然天没有说话，怎么能说尧把天下让给舜是天命呢？孟子说，这主要是通过两件事情来考察的，一件事情就是尧让舜去主持祭祀天地的仪式，看看天地有没有反应，也就是看有没有异常的自然现象出现，如果没有异常的自然现象出现，那就说明天接受他了。第二件事情就是尧让舜去主持一些事情，给老百姓办事，看看老百姓是不是喜欢他，是不是拥护他。如果老百姓很安宁、很欢喜，那就说明老百姓也接受他了。如果天认可他了，人民也认可他了，他就可以继承帝位了。孟子最后引用了《尚书》里面的一句话来说明这个问题，《尚书·泰誓》曰："天视自我民视，天听自我民听，此之谓也。"

从孟子的分析里可以看到，人意是天命的根据，"天视自我民视，天听自我民听"。而天命呢？只是体现人意的一种礼仪的形式，我想这就是天命的真正含义。所以关键要看老百姓是不是拥护。这里还有一个故事，说的是春秋五霸中的齐桓公和他的宰相管仲的事。

有一次，齐桓公跟管仲在一起，齐桓公就问管仲，作为一个国君，应该把什么东西放在第一位？管仲就告诉他，王啊，要以天为本，要把天放在第一位。齐桓公一听，马上抬起头来看看天，问道，为什么把天放在第一位？管仲一看齐桓公的动作，马上告诉他："天者，岂苍苍之天？"我讲天，哪里是指苍苍之天啊！"王者以民为天"，王者是以民为天啊！接着他又讲道，如果老百姓拥护你，你的国家就安定了；如果老百姓到处在议论你，你的国家就有问题了；如果老百姓都起来反对你，你的国家就要完蛋了。

我们可以看到，中国文化里"天"这个概念，常常是用来表达最根本、最重要的意义。"民以食为天"，说明衣食是老百姓维持生存最重要的东西，"天"并不一定就是神秘的东西。王者要以民为天，民要以食为天，不抓住这些关键的事情去办，却一天到晚去拜这个"天"，想让"天"来保佑你，那是不可能的。

这就形成了中国传统文化中，人事急于神事、民意重于神意的观念。这也可以说是历代的圣贤明君，无时无刻不引以为戒的一条训示。

《礼记》里曾经比较了夏商周三代文化的特征，其中讲到夏商都非常重视鬼神，而周虽然是夏商的继承者，但是周的文化特点与夏商有一些不同。周首先是"尊礼尚施"，尊重礼仪而且重视实际的事情；其次是"事鬼敬神而远之"，要事鬼也要敬神，但是要远之；最后是"近人而忠焉"，要近人事，而且要忠心耿耿、认认真真地去做。

孔子继承了周代的文化传统，在《论语》里面我们可以看到很多跟这些思想类似的说法。当弟子季路问孔子怎样事鬼神时，孔子就相当严厉地批评他说："未能事人，焉能事鬼！"（《论语·先进》）你人事都做不好，还要问怎么样去事鬼神？当另一个弟子樊迟问怎么才叫作有智慧、有知识时，孔子就告诉他："务民之义，敬鬼神而远之，可谓知矣。"（《论语·雍也》）有智慧的人应该是"务民之义"，就是把老百姓的事情放在第一位，"敬鬼神而远之"。什么时候都把人事放在第一位，这就是在中国传统文化中，会把政权看得比神权更重要的一个文化根源。

人跟天命的合一，绝不是说我们要去跟鬼神合一，而是强调人只有通过提升自身的品德才可能得到外来的某种辅助。所以我觉得讲天人合一，其人文色彩是第一位的。

君子以为文，百姓以为神

有人会问，如果天命蕴含的实际上是人意，那么祭祀是怎么回事呢？我们要祭祀祖先，甚至在很多情况下，还要祭祀自然，比如天不下雨就要求雨。对这些事情应该怎么看呢？

祭祀实际上是属于礼的范畴，因为礼本来就起源于祭祀。礼这个字的起源就是一种祭器，祭天、祭地、祭鬼神。但礼在其发展的过程中被赋予越来越多的人文内涵，以至于到最后，它成为体现中国传统文化人文精神的一个主要载体。

祭祀作为一种礼，从消极的方面来讲，是为了祈福禳灾；而从积极的方面来讲，最根本的目的是报本。报什么本呢？在这儿荀子有一个论述非常值得注意。

荀子曾经讲"礼有三本"，哪三本呢？

> 天地者，生之本也；先祖者，类之本也；君师者，治之本也。无天地恶生？无先祖恶出？无君师恶治？三者偏亡，焉无安人。故礼，上事天下事地，尊先祖而隆君师，是礼之三本也。（《荀子·礼论》）

第一是天地。天地是一切生命的来源，所以"天地者，生之本也"。

第二是祖先。祖先是"类"的根本，人类来源于人类的祖先，鸟类来源于鸟类的祖先，所以"先祖者，类之本也"。

第三是君师。君主和老师是使人类社会得到治理的根本，所以"君师者，治之本也"。

荀子说："上事天下事地，尊先祖而隆君师，是礼之三本也。"就是说祭祀天、祭祀地，都是为了报本。我们过去看到家里面常供着一个大牌位，上面写着"天地君亲师"，现在很多南方的老宅子里还能看到。为什么？就是因为这是我们生命的来源，是社会的根本，所以才要去祭祀，而不是为了向神求福祛灾，我觉得这是非常重要的。

荀子还有一系列的说法。当时有人问荀子，发生了日食、月食，我们就要敲着锣鼓去祈祷；天大旱时我们要求雨，就得抬着草垛去游行，去跪拜；碰到了大事情我们决定不了，就要去求那些巫师做占卜……这些事情又该怎么解释呢？难道这个礼不是一种敬神的行为吗？荀子的答复是否定的，他说："非以为得求也，以文之也。"就是说做这些事情的人其实在内心深处并没有认为这样做就能得偿所愿了，这不过是一种文饰的东西，就是做事情一定要讲究一些。就像我们现在讲"包装"，就是要求人们不要太质朴了，文是相对于质来讲的。《论语》里有"文质彬彬"之说，就是文和质两个方面不能只偏重一方，太质朴了，就会显得野里野气；而太文了，则有矫揉造作之嫌。所以孔子就讲"文质彬彬然后君子"，既要质朴又要讲一定的礼仪规范，这就是文质彬彬。

荀子的意思就是说，这些事情啊，其实并不是我求了就一定可以得到的，比如不下雨我就去求雨，上天就一定会下雨吗？不会。只是因为人类社会的发展要求我们不能够停留在很质朴的阶段，要用很多东西去装饰它，营造一种文化的氛围。

荀子最后总结道："故君子以为文，而百姓以为神。"君子很清楚，这就是一种社会的、文饰的东西，而百姓却以之为神。接下来还有一句话："以为文则吉，以为神则凶。"把这当作一种文饰是很吉利的，但如果把这当作神就会很凶。荀子在这儿就是想说，应当把碰到不下雨去求雨，碰到大事情要去卜筮这种带有强烈原始宗教色彩的行为，看作一种具有人文意义的礼仪，而不要把它看作一种求助于神灵的信仰仪式。

儒家的这种人文精神，就是通过这样一些东西来一步步构建的，它把那些原始的宗教信仰，一步步纳入到具有人文精神的轨道中去。从这里我们可以看到，在中国的礼仪文化中，确实蕴含着丰富的人文精神。无论是在人与自然之天的合一，还是在人与天命之天的合一中，都时时体现出一种人占主导地位的态度。

人文思维

以上谈人文精神是从思想内部来讲的，人文精神还体现在思维方式上，这也是非常重要的。我们现在十分推崇西方近代发展出的科学思维，而常常忘掉了人文的思维方式，这是十分遗憾的。

人文的思维方式跟科学的思维方式有很大不同，它们从出发点上就不一样。科学思维是从静态出发的，或者是从具体的物出发的；而中国的人文思维，则是从人出发的，或者是从人事出发的，是动态的。

　　科学的思维方法适用于实验室。在实验室里面，我们可以规定好一定的环境，比如说恒温、恒湿，然后反复地去做实验。一次不通过，就做第二次，第二次不通过，还可以做第三次。而人事的活动却不同，历史是从来不会重复的，只可能有相似之处。它一直是在变动之中向前推进的，绝对无法把它隔绝开来，不可能像在实验室里那样有一个固定的工作环境，你很难防止偶然的因素参与进来。

　　所以，动态的思维方式和静态的思维方式之间有很大的差别。对于静态的，我们可以把它孤立起来，排除各种干扰，孤立地去看待这个问题；而在动态中我们不可能把它孤立起来，必须要放在整体的环境中加以考察。

　　人文的思维方式还有另外一个特点，那就是它具有很大的随机性。这个随机性非常重要。随机性即随意性，就是说它是处于不断的变化中的。可能现在是这个样子，突然就会变成另一种样子，我们就要马上改变自己应对的方式。

　　近百年来，我们受到科学思维的影响非常大，以至于我们逐渐忘了用人文的思维方式来处理人文的问题。虽然我们利用科学的思维方式研究一些人文学科，比如说文学、历史、哲学、语言等学科，获得了许多以前没有的比较清晰的研究成果，但是同时也带来了许多负面效应。因为我们把这些原来是整体性的东西割裂了，本来应该全面地去看它，结果只局限在某一个角度去看它，得到的东西自然也就不准确了。

其实在西方，从20世纪爱因斯坦发现相对论以后，人文的思维方式也在不断地影响着科学的思维方式。在自然科学的很多方面，原来是应用线性的思维方式，完全排除任何随机性的因素，现在有了很大的变化，引进了大量人文思维方法，也就是非线性的思维方法。

另外，在思维的发展过程中，并不是一切都像理论推理的那么清晰，会有很多模糊的、不确定的、随时都可能发生变化的东西。这就出现了模糊逻辑，混沌的概念也被吸收到科学的思维方式中。比如说我们现在处理很多事物，用的就是一种模糊处理的办法。设计一个程序，但并不是固定的，程序本身是带有随机性、模糊性的，根据具体对象的变化，它就会自动变化。你可能听说过，现在有一种模糊控制的洗衣机，它不是按照一个固定的程序运行，而是根据你放进去的衣服的肮脏程度，自动进行一种随机的处理。

我们过去有很多误解，认为中国人的思维方式是模糊的、不清晰的、笼统的，因此就是落后的，只有科学的方法才是最先进的。但是现在我们渐渐发现，人文的思维方法和科学的思维方法是互相结合、密不可分的，这不是一个谁先进谁落后的问题。

实际上，中国文化的人文思维方式是一种强调个性的思维，因为它是动态的、整体的、联系的、随机的、综合的。科学的思维方式追求的是一种普遍适用性，只有普遍有效才是科学。有人说我发明了半天，只适用一个，其他的不适用，那这个科学就不对了。而人文的考察、人文的思维方法，会更多地注意个体、个性化的东西。打一个比喻，就是一把钥匙只能开一把锁，不是说要发明一把万能钥匙，什么锁都能开。实际上，现在这两种思维方式正在不断地接近。这是我们在了解中国传统文化的人文精神时，必须要重视的一个问题。因为一种文化的思维方法，可以说决定了这种文化的发展方向。

我想最后提一点，在现在物化越来越严重、人越来越沦为物的奴隶的情况下，人文精神是我们现实社会迫切需要的一种精神。说得俗一点，就是让我们的社会多一点人情味儿，多一点人性化。人们应该在生活上、精神上更多地相互关怀。特别是现在一个企业的管理者，更不能只看到物化的东西，还要看到更多人性的东西。因为科技越来越发达，很多工人的工作是非常枯燥单调的，一天可能就是一个动作，怎样来提高他们的生活质量，使他们的精神生活更加丰富？这是一个很大的问题。如果我们的企业管理者不知道关怀他们，还是让他们一天到晚只做那么一个动作的话，就有一点儿人情淡薄了。

我们传统文化的这样一种人文精神，其实还是有很多地方可以去实践的，关键是要以人为本。

第三篇

中国传统文化的根源性典籍

几千年来，中国流传下来的典籍浩如烟海，它们承载了中国传统文化的方方面面，从不同角度阐发了古人的思想，虽然谈论的具体问题不同，但都遵循着共同的理论基础，秉承了相同的价值观念。要想把握中国传统文化的基本内容和根本精神，就一定要读其中的根源性典籍，即『三玄、四书、五经』，这些典籍共同的特点就是『述而不作』和『理念相通』。

三玄、四书、五经

这一讲我们讲中国传统文化的根源性典籍。

中国早在三千年前的商周时代就已经有了文字，用来记载个人和社会生活方方面面的事情。几千年来，流传下来的典籍可以说是浩如烟海。这些经典，任何人用他毕生的精力都只能窥其一斑，即便给他几辈子的时间，也很难遍览。

中国文献的传承有两个特点，使它虽然数量繁多，但却统之有序。

一个就是孔子说的，叫作"述而不作"。所谓"述"就是叙述，"作"就是创作、发明。中国古人可以说是比较谦虚的，他们认为自己其实不是在创作什么新东西，只是在叙述、阐发前人的一些思想。这样一来，中国历史文献的传承就跟西方的文献传承有了很大的不同。很多西方的文献都是强调个人的创作，而中国的古人大都是以阐发前人思想或者前代经典性著作作为表达自己思想的方式。

再一个就是，在中国传统文化中，并没有像现在这样细密的学术分科。文学、历史、哲学、宗教、艺术、政治、经济、法律、军事，乃至于农、工、医、科技等，都是混杂在一起的，后来才慢慢形成了经、史、子、集这样简单的四部分类。清代编《四库全书》，就是按照四部分类来分的，即使这样，也有很多的交叉。比如现在我们说的哲学，对应在四部里，应该是哪些科目、哪些图书呢？有的人说是子部，但有些经部和集部的内容也可以归到哲学类去，而且将子部完全归入哲学也不确切，因为其中有很多东西，讲文学也是离不开的。中国古代传统文化典籍分类的方法和现代有很大差异，按现在的分类标准去安排是行不通的。

为什么会这样呢？因为中国传统文化各部分虽然谈论的具体问题不同，但它们的内在其实都遵循着一个共同的理论基础，秉承着同一个价值观念。

一个述而不作，一个理念相通，这两个特点就使得中国文化在其发展过程中逐渐汇聚成几部具有根源性影响的著作，成为中国文化的源头，也使后人得以由此把握中国传统文化的基本内容和根本精神。

这些根源性典籍，我们大概可以用"三、四、五"这三个数字来加以概括，说简单点就是三玄、四书、五经。三玄是指《老子》《庄子》《周易》；四书是指《大学》《中庸》《论语》《孟子》；五经指的是《周易》《三礼》《书经》《诗经》，还有《春秋》（三传）。

加起来是多少呢？十二本。在这十二本书里，五经里面的《周易》跟三玄里面的《周易》是重复的，那么就减掉一个，等于十一本。另外，四书里面的《大学》和《中庸》其实是《三礼》里面《礼记》中的两篇文章，如果把它们再放到《礼记》里面去，那又少掉两个，等于九本。这九本书就构成了中国文化的根源性典籍。

从春秋战国一直到20世纪初的新文化运动，这九本书是中国文化内容的根源。不管是论述哲学思想，还是论述文学历史；不管是讲政治、经济、法律，还是讲农、工、医、科技，都离不开这几部典籍的根本理念和价值观念，引经据典都不会超出这九本书。

毫不夸张地说，如果不了解这九本书，就很难了解中国文化的方方面面；反过来，即使了解了中国文化的方方面面，但不能将它们统摄到这九本书里去，也把握不住中国文化的理论基础和核心价值观念。所以，这九本书统领了整个中国文化，是我们把握中国文化根本精神的必读书。

五经要义

不学《诗》，无以言

五经里面的《诗经》最初应该说是一部文学作品。孔子在教育他的儿子时，就说过"不学《诗》无以言"，认为学了《诗经》以后，就能懂得怎样遣词造句，怎样表达自己的情感。因为《诗经》描述各种东西的方方面面，所以通过学《诗经》就可以懂得很多实用的知识，比如各种植物、虫鸟的名字等。

但是到了荀子，《诗经》就不仅仅被当成文学作品来看待了，它成了一种非常重要的，指导人们生活、做人乃至治国的理论依据。在《荀子》这部书里面，引《诗经》文字有七十多处。受荀子的影响，汉代很多讲诗的人，都很重视《诗经》的思想性。汉代有一本很著名的注释《诗经》的书叫作《韩诗外传》，写这本书的人叫作韩婴。他就专门用《诗经》来讲为政、做人的道理，其中很多内容都跟荀子讲诗的内容相合。

因此，《诗经》不仅仅是中国文学作品的源头，也是中国哲学的一个基础经典。也有人说，哲学跟诗是分不开的。

不学《礼》，无以立

《三礼》包括《仪礼》《礼记》《周礼》三部分。《仪礼》讲的是人们日常生活中的伦理原则和行为规范，规定了不同的等级应该遵循的礼。《礼记》实际上是解释《仪礼》的，包括了《仪礼》中最基本的内容，同时从理论上进一步阐发为什么要运用这些礼，这些礼都包含了什么样的意义，起什么样的作用。还有就是《周礼》。《周礼》的内容主要是讲周代的官制。中央设哪些官，地方设哪些官，这些官的职责都是什么，等等。

总的来说，《三礼》中的《礼记》对后世的影响是最大的。像四书中的《中庸》《大学》，其实都是《礼记》里面的文章；还有像大同、小康等我们中国人治国的一些理想也都出于《礼记》。

另外，流传于先秦，后来佚失的《乐经》，它的思想其实也包含在《礼记》之中。《礼记》中专门有一篇《乐记》，对音乐的起源、社会作用，以及它在整个礼里面有什么样的地位，都诠释得非常清楚。

《乐记》的主要观点就是人生而有情，这些情感需要发挥出来，怎么发挥呢？就要通过唱、呼喊、手舞足蹈等方式来表达。在这个过程中，礼引导得好就会陶冶心情，引导得不好就会使人们疯狂。所以，音乐的直接作用是发泄人们的情感。例如，奏起哀乐，人们就会伤心；奏起雄壮的歌曲，人们就会精神奋发。同时，音乐又是用来调节人们之间关系的，所谓"礼以道别，乐以道和"。礼确立了人们之间不同的关系，很严肃；而乐把这种关系拉近了，大家在一起唱歌跳舞，等级差别就不那么明显了，关系自然就亲和了。

《礼记》里面还有一篇《学记》，是阐发社会教育的必要性、教育的意义和教育的方法的，强调教育的根本是要教人如何做人。我想这些观点，即使对现在来讲，也是非常有参考价值的。

《礼记》里还谈到了许多具体的礼的问题，其中有六个方面的礼是最根本的。

首先是冠礼，冠礼就是成年礼。男子二十就要给他戴帽子，女子十五就要给她及笄，及笄就是上头，在头上插上一个东西，这都属于冠礼。行冠礼就说明你成年了，成年了就要对自己、家庭、社会负责，举行这个仪式就是告诉你应该担负起一个成年人的责任，不能再像小孩子那样随便了。

第二个是婚礼，婚礼也是礼里面的一个重要内容。按照《礼记》的说法，婚礼是合二姓之好，就是把两个姓结合在一起，好延续子嗣。所谓延续子嗣就是延续人类，中国人的生命观念不是个体的生命观念，而是一个族类的生命观念。作为个体来讲，有生必有死，死了以后不会再生，不像佛教讲的有轮回。但是生命在延续，怎么延续呢？就在子女的身上延续。因为子女跟父母血脉相承，所以子女的生命就是父母生命的延续。中国人最重视这个，所谓"不孝有三，无后为大"，因为这是生命延续的问题，要不然生命就没有了，就断了。

第三个是丧礼，丧礼是非常重要的，《礼记》里也讲了它的意义。比如守丧要守三年，为什么？因为从父母生你下来到你能够相对独立活动，要经过三年。你要报父母的养育之恩，就应该守丧三年。孔子讲"慎终追远，民德归厚矣"，就是说要非常慎重地对待人的死亡，并且不断地思念他，这样民风才能归于淳朴。这句话实际的含义是教人不忘报恩。所以我常常讲，一个人如果不知道报恩的话，大概就不能算是一个人了。知恩报恩是人的一个最基本的品行，丧礼实际上就体现了对父母的知恩报恩。

第四个是祭礼，祭礼是祭天地日月、山川河流。从某种角度来讲，这表明中国人有一种对自然神的崇拜，认为不管是天地日月、高山河流都有神，山有山神，河有河伯，等等。但从另外一个角度来说，这实际上也是一种报恩的思想。人生活在这个世界上，就靠这些东西来生存。所谓天生之，地养之，天地万物养育你，你该不该祭它？当然应该！

第五个是聘礼，或者叫朝聘礼，就是聘用人的礼节。这个礼，我们现在经常忽视，其实它是非常重要的。聘用一个人时，在他工作的部门里给他举行一个小小的仪式，其实就是告诉他，他的责任是什么。同时也告诉大家，这个人来是做什么的，大家才好去配合他、监督他。

朝聘礼中其实也包括了解聘礼，解聘也需要以礼相待，不是说炒鱿鱼就完了，或者说退休了就结束了。

现在很多学校为学生办的入学典礼、毕业典礼都属于朝聘礼这个范围，但是往往都弄得很草率、很简略。其实入学典礼、毕业典礼，对很多学生来说都是一辈子难忘的，可学校这么简单就完事了，这就是不能做到以礼相待。

第六个是乡射礼，过去就是指一个村子里面，能够体现尊老爱幼这样一种文明风气的礼仪。现在社会上都在强调建设社区文化，我觉得就可以把乡射礼现代化一下，效果一定会很好。

这六个基本的礼，我觉得都是非常重要的，对我们现在来说也很有借鉴意义。现在提倡要建立和谐社会、小康社会，如果能有这样一些基本的礼仪来规范人们的行为、协调人们的关系，使人们懂得怎样做人、如何尊重他人，那应该是事半功倍的。

总的来说，《礼记》是中国传统伦理规范得以建立的根本典籍，它指导了中国人几千年来的日常生活。

帝王之学——《书经》

《书经》是上古历史文献的一个总集，里面除了一些传说中夏代和商代的文献外，大部分是周代政府的公告，这些公告总结了夏商两代兴衰的经验教训。它特别注意到，夏代为什么能够兴起？那是由于夏代的创始人禹通过治水为老百姓谋了福利，因此得到了民众的拥戴。夏代为什么又灭亡了呢？那是因为它的末代统治者夏桀残害百姓，失去了民心。同样，商代也是如此，它的兴起是因为开国君主成汤"解民于倒悬"，把老百姓从夏桀的统治下解救了出来；而它的灭亡，则是由于商纣王酒池肉林，荒淫无耻、道德败坏到了极点，完全不把老百姓当人看，人民当然要起来反对它。

正是因为总结了前两代兴亡的经验教训，周代的政府公告中就非常突出地提出了"民为邦本"这样一种思想，认为"皇天无亲，惟德是辅"，"天视自我民视，天听自我民听"，民是最根本的。一个国家能不能兴旺，能不能巩固，关键要看是不是得到了人民的拥戴。因此周代的公告都强调作为统治者首先要修德，只有德行高尚，才能够获得上天的保佑。

应该说，《书经》里的这些思想决定了中国文化的一个根本特性，就是以人事为根本，这也奠定了中国文化人文精神的根基。

所以，《书经》虽然表面上只是一册历史文献的汇编，是一部历史著作，但它实际上是中国文化最根本的人文精神的重要来源。

中国人的价值观——《春秋》

《春秋》实际上是一部编年史。西周没落之后，周平王东迁，历史上称为东周。东周包括两个历史时期，一个春秋，一个战国。《春秋》记载的就是春秋这一时期的历史。但是《春秋》只记载了某年某月发生了一件什么事情，至于这件事情的来龙去脉，包含了一个什么样的问题等，并没有展开叙述。后人为此对《春秋》又进行了注释，形成了所谓的"春秋三传"。我们现在谈到《春秋》这部经，除了《春秋》以外，也包括了这三传。

相传《春秋》是孔子删订的，而且传说孔子在删订《春秋》的时候，下笔是非常慎重的，可以说每一个字都包含了一种价值判断，表明了孔子对事件、对人物的表扬或者批评。

后来就有了所谓的春秋笔法。春秋笔法的特点就是不避讳历史上的事件，该怎么样就怎么样，该肯定的就肯定，该批评的就批评。所以春秋笔法是乱臣贼子见了都害怕的。孟子说："孔子作春秋而乱臣贼子惧。"因为春秋笔法就是给他们在历史上定了位，从这个意义上说，《春秋》这部经实际上是给人一种价值观的判断，告诉人们该怎样来评判历史事件和历史人物，强调一种公正而不妥协的态度。

"春秋三传"第一部就是《左传》。因为是一个叫左丘明的人为《春秋》作的传，所以叫《左传》。《左传》的特点是以记事为主。《春秋》里记载某年某月发生的某一件事情，《左传》就把这件事情的来龙去脉，都详详细细地叙述出来，侧重于对历史事实的注释。

另外两部，一部叫作《公羊传》，一部叫作《穀梁传》，这两部并不着重于史实方面的讲解，而是注重讲解这个事件本身的意义和它所告诉人们的经验教训。

汉代特别重视《公羊传》，像汉代的大儒董仲舒就是"公羊学"的一个重要代表。他们特别注重发掘《春秋》里所包含的那种"微言大义"，就是说在《春秋》简短的语言里，其实包含了非常深刻的道理。汉代人在断狱的时候，都要参考《春秋》里记载的类似事件，看它在《春秋》里面是怎样被解决的，怎样被判断的，然后再按照这个来判断，这在汉代就叫"春秋断狱"。

所以说，《春秋》在汉代政治制度的建立和治国理念的形成上起过很大的作用。

宇宙的奥秘——象数之《易》

《周易》也包括经和传两部分。从现在地下发掘出的一些资料来看，《周易》中经的这一部分形成较早，应该在先秦的时候就已经形成了。它的内容实际上就是古人占卦的时候留下来的那些卦辞、爻辞，并经过筛选和编辑，文辞古奥，主要用于占卜。而真正发挥《周易》思想的十传，即所谓的易传，大概是在汉代初年才最后形成。

十传，就是指系辞（分上、下）、文言、说卦、序卦、杂卦、彖辞（分上、下）、象辞（分大象、小象）。十传中系辞是最重要的，除此之外是文言，再一个就是说卦。这些传里讲到了一些对后世影响很大的理论问题，比如《周易》起源的问题，八卦是怎样形成的，等等。至于其他的传，如序卦、杂卦都是用来解释卦序的。序卦是说明现在的六十四卦为什么这样来排，杂卦则提供了另外一种排序的方法。彖辞是对六十四卦的每一卦所包含的意义作一个综述。而象辞中的大象是解释每一卦的卦辞。每一卦又有六个爻，每一爻都有对应的爻辞，小象就是用来解释爻辞的。整个十传大概就是对《周易》经文的解释系统。

综合《周易》的经和传来看，大致包含了三方面的内容。第一个是象，就是卦象，比如乾卦是六条横线，坤卦是六条横着的断线，这就是象。第二个是言，言是指卦辞和爻辞，每个卦都有相应的卦辞和爻辞。比如乾卦的"乾，元、亨、利、贞"。这句话就是它的卦辞。爻辞呢？第一爻是初九，潜龙勿用；第二爻是九二，见龙在田；然后是九三，夕惕若，厉无咎；九四，或跃在渊；九五是飞龙在天；第六爻上九呢？上九就是亢龙有悔。卦辞和爻辞合起来就称为言，有象就有言。第三个是意，就是指每一个卦象以及它的卦辞、爻辞里所包含的意义。所以，《周易》包含了象、言、意三部分内容。

《周易》在汉代形成后，当时人们十分重视"象"这一部分，称为象数学。为什么？因为大家都用《周易》来占卜，而占卜的方法主要是跟象、数有关。

实际上，《周易》最初就是用来占卜的，在《系辞》里就非常明确地讲了易是什么，易就是占。

在中国历史上，占有两种方式，一种是甲骨的占法，称为兆。就是在一个乌龟壳上钻一个窟窿到火上去烤，烤过以后它就出现裂纹，这种裂纹就被称为兆，然后根据裂纹的走向、构成，来预测或判断某一件事情。

还有一种就是根据数，这是《周易》所采用的方法，即根据蓍草数目的分排来确定卦象，然后根据卦象来推断一件事情。所以在《系辞》里，《周易》这种占卜的形式被称作"极数知来之谓占"。具体的方法很复杂，这里我就不多说了。

当然还有更简单的民间的土办法，就是拿一个铜板，扔一下，正反面，正的多少，反的多少，这样来算，这也是占卜。

汉代的易学不仅继承了《周易》古老的象数占卜的方法，而且还把象数跟十二节气、东西南北这些方位都联系在一起，形成了一个非常庞大的象数之学，并且归纳得非常清晰明白，用于预测，很实用。一直到今天，只要用周易来算卦，基本上用的都是这种方法。

三玄要义

不易、变易、简易——义理之《易》

到了魏晋的时候，汉代的象数之学发生了很大的变化。象数学是用比较固定的模式来作判断的。比如说乾卦代表刚健，拿一种动物来比喻，就是马，因为马是非常刚健的。于是后来就固定了下来，乾卦的代表就是马，别的都不行。相应的，坤卦代表柔顺，拿一种动物来比喻，就是牛，因为牛是非常柔顺的，后来也固定了下来，坤卦的代表就是牛，别的都不行。到了魏晋，人们就认为这种象数学太死板，学习《周易》主要应该把握它的易理，而不是这些呆板的象数。

当时有一个著名的思想家，叫作王弼，他就批判象数学说，乾卦为健，所有刚健的东西都可以代表乾，何必一定是马呢？坤卦代表了所有温柔的东西，所有柔顺的东西都可以代表坤，何必一定要用牛呢？他认为象数学是有局限性和机械性的，研究卦象的时候只要把握它的精神是刚健还是柔顺就可以了。所以他一扫象数之学，提倡要得"意"。在方法上，提出"得意要忘象、得意要忘言"，因为如果停留在象和言上就不可能把握它的意，要得意就不能仅仅停留在语言和卦象上。这就形成了中国文化史上的一个非常重要的转折，由强调象转而强调意，玄学也就随之产生了。

魏晋玄学的根本依据就是三玄：《周易》《老子》《庄子》。

我们再来谈《周易》，玄学家抛弃了汉代的象数易学，重视发掘《周易》蕴含的深刻道理，提倡义理的易学。

玄学家认为易这个词，其实包含了三层意义：不易、变易、简易。不易是什么呢？不易是指一个根本的秩序和原则，《系辞》里面一开始就讲，天地上下确定了，这个世界也就确定了，这就是一种不易。但是，这种不易不是那种机械的固定的不易，而是在变化中的永恒。《周易》又讲了许多阴阳、刚柔等变化的过程，这就是变易。万物的变化虽然繁复，但天地却从不去干涉，一切顺自然而发展，这就是简易。所以《系辞》里指出，简是天之德，易是地之德，简易是天地之大德。

另外，《周易》还包含了一种生生不息的品德。比如，其中"天行健，君子以自强不息；地势坤，君子以厚德载物"的精神对中国人影响就很大。自强不息、厚德载物成了中国人追求的一种理想品格。

《周易》里面还有许多重要的思想，比如它特别强调时的概念。我们看到很多象辞、彖辞都在赞叹这个时，"时之义大矣！"强调与时偕行，也就是说时间变化了，我们也要跟着变化。它还强调"中"，中正平和，这跟后来《中庸》的思想也可以联系在一起。

总之，《周易》是中国许多思想的源泉，历代对《周易》的注释数不胜数，思想家们都通过对《周易》的注释来发表自己的见解。

道法自然——《老子》的智慧

三玄里面的第二玄，就是老子的《道德经》，即《老子》。《老子》的核心是自然无为，自然是强调尊重事物的本性，无为是强调不要以人的意志去干扰事物发展的方向，应该因势利导。所以，无为不等于无所作为，而是要积极地引导，是无为而无不为。

老子认为，如果遵循万事万物自然发展的规律，那所做的事情自然就会取得成功。而这种成功又不是那种有为的成功，不是通过干涉什么、改变什么得来的，而是自然而然得来的，谁都不会感到不舒服。而获得成功的人呢，也不居功自傲，正所谓"为而不恃，长而不宰"。

这种理念应该说和儒家是正好相反的。儒家强调礼教，或者叫作名教，因为礼里面主要规定了每个人的名分。名教认为为了社会的和谐，要克制自己很多自然的欲望，这本来是没有问题的，但是克制过度又会对人性造成伤害，所以在汉末就出现了许多假孝廉、假道学。

玄学家就提出，可以用老子自然无为的办法来调和名教和人的本性之间的矛盾，既尊重了每个人的个性，又能够稳定社会的秩序。所以，人们都把老子的思想看作是既可以修身又可以治国的方法。

逍遥游——《庄子》的精神

《庄子》也是道家的一部经典，但是《庄子》跟《老子》的思想有很大不同。《老子》是非常收敛的，在《老子》里面有这样的话，叫作"将欲夺之，必固予之"，我要得到你的东西，就要先给你，这是以退为进。庄子则非常张扬，把自己的个性完全地展现出来，他追求的是一种无拘无束的逍遥。

怎样才能得到这种逍遥呢？庄子说要"齐物"，强调事物之间没有绝对的差异，所有的差异只不过是相对的。你说大，你大得不得了，还有比你更大的；相对于比你更大的，你又是小的，所以大小是没有实质区别的。因此有的时候就可以有一种自我安慰，我小啊，可还有比我更小的呢，跟它比，我还大呢。我们常常讲中国人有一种阿Q精神——精神胜利法，很多就是来自《庄子》。

到了魏晋玄学时期，有一位注释《庄子》的非常著名的玄学家，叫作郭象。他就不太赞同庄子这种相对的说法。他说形象上的差异是得承认的，如果一眼看去这一个就是比那一个大，那就得承认这个事实，所以他主张承认事物外在大小的差别。

但是郭象也要齐物，怎么齐啊？他说事物内在是平等的。你说你身材高大得不得了，我并不需要羡慕你，如果我像你一样高大的话，做衣服还费布呢，还费钱呢。当然郭象不会举这样的例子，这是我举的例子。

郭象举的例子是：两只鸟，一只大鸟、一只小鸟，大鸟要吃很多东西才能饱，小鸟吃一点东西就饱了。但是大鸟没有必要羡慕小鸟，小鸟也没有必要羡慕大鸟。如果小鸟羡慕大鸟，也要多吃一点的话，就可能撑死了。大鸟如果羡慕小鸟，少吃一点的话，可能就饿死了。所以郭象说"自足其性"就是逍遥，在满足"自足其性"上没有差异。只要适性，适合本性就是逍遥，不适性就不逍遥了。

同样的一些东西，通过后人的注释，就会发生变化。虽然中国文化重注释轻创作，但实际上注释里包含了很多创作。我们研究王弼的哲学，拿什么来研究呢？主要就是根据他的《老子注》，玄学的思想就在里面。研究郭象的思想有什么材料？就是他的《庄子注》，他对庄子的解释与别人有很多的不同，刚才那一个解释就不同。

又比如《庄子》里面讲逍遥，怎样才能逍遥呢？庄子强调的是"无以人灭天"，不要以人为的东西来改变事物的天性、本性。他举例说，牛、马本来是很好的，放开脚就在那儿跑，这是牛、马的天性。可是人给马套一个笼头把它锁起来，给牛鼻子上穿一个窟窿，套一个圈拽走，这就违背了牛、马的本性，这是人为的，跟牛、马的天性相对立。郭象一解释就不一样了，郭象说，穿牛鼻子、落马锁也是根据牛、马本性所设计的，是顺应它们本性的。反过来，你去穿马鼻子、给牛套一个笼头，行吗？不行的。

郭象由此证明，作为一个人，也必须遵守一些伦理道德的规范，这些规范其实也是人性所具有的、所需要的。这样一解释，跟庄子原来的意思就发生了变化。

所以，《周易》《老子》《庄子》成为中国整个思想文化体系里的根源性典籍。后来的人通过发挥书中的思想，来阐明各自的主张。

四书要义

到了宋代，又把四书——《大学》《中庸》《论语》《孟子》提到一个很重要的地位。为什么呢？这有时代的背景。就是隋唐时期，人们都去追求佛教或道教，对儒家的思想反而淡漠了。宋代的理学家因此受到触动，认为这都是因为儒家只讲具体的道德和行为规范，而没有一个很深奥的理论体系造成的，因此，他们就要为儒家寻找一个复杂的理论依据。

很快，他们发现，《礼记》里面的《大学》《中庸》两章，包含了许多深奥的道理，可以用来阐明儒家所遵循的道德规范的根据。所以他们把《大学》《中庸》单独拿出来，和《论语》《孟子》一起并列为儒家的根本经典。

至善之境——《大学》

理学家通过考证，认为《大学》是孔子的弟子曾参所作，《中庸》是孔子的孙子子思所作，他同时也是曾参的弟子，而《孟子》又是子思弟子的弟子孟子所作，这样就形成了一个完整的儒家传承系统。从时间上来讲，《论语》第一，是孔子作的，《大学》第二，是曾参作的，《中庸》第三，是子思作的，《孟子》第四，是孟子作的，它们被统称为"四子书"。

但是从内容上来讲，理学家又觉得，《大学》是入门书，因为《大学》还是讲具体的道德规范。《大学》讲什么？三纲领、八条目。

所谓三纲领就是《大学》里的第一句话："大学之道在明明德，在新民，在止于至善。""明明德""新民""止于至善"，这是人的三个最根本的追求目标，所以称为三纲领。

八条目呢？八条目就是格物、致知、诚意、正心、修身、齐家、治国、平天下。我们现在常常讲的"修身、齐家、治国、平天下"就是八条目的后半段。修身之前要做准备，准备什么呢？即是八条目的前半段，格物、致知、诚意、正心。

整部《大学》就是围绕三纲领、八条目来展开的。最高理想是止于至善，通过明明德，明自己的德性，然后不断地新民（原作"亲"，通"新"），就是让民众都能不断提升自己的道德品质，最后一起达到至善。

八条目的核心就是修身，前面的四个步骤是为了修身，后面是修身以后所要实现的三个目标。所以《大学》里面讲："自天子以至庶人，一是皆以修身为本。"不管天子也好，普通老百姓也好，都要以修身为根本。修身的目的就是要达到道德层面的自觉自愿。如果是被动的，就不能称为道德了，那就是在法律制裁的威胁下遵守法律的问题。道德一定是出于自觉自愿，只有这样，才可能达到至善。从这层意义上来说，修身当然是最根本的。

为人之道——《论语》

《大学》可以说是入门，然后又该怎样具体去做呢？这就有《论语》提出来的那些具体的道德规范作为参考。

《论语》的核心其实就是仁。因为在孔子所处的时代，按他自己的话来讲，是"礼崩乐坏"了。怎样来挽救这个礼崩乐坏的危局呢？孔子强调要通过人的自我修养来恢复对于礼这种规范的遵循。

孔子讲"克己复礼为仁"，即主动地克制自己的行为，使自己的行为符合礼的要求，这就是仁的意义。所以孔子提出来的仁是倡导一种道德的自觉。同时，如果具体来讲，仁又是分散在各个方面的。孔子回答什么叫仁，答案多得很。他根据每个人不同的特点，来告诉对方，什么叫作仁，通过仁来规范这个人的各种行为。

完美政治——《孟子》

孟子又把孔子"仁"的思想进一步推演，成了"仁政"。仁，不仅仅是每个人自我修养时应当自觉遵守的规则，同时也成了治理一个国家的根本理念。

孟子认为，治理国家必须以礼乐教化，而不能用强制的、暴力的手段，要实行王道，而不是霸道。实行王道主要的措施就是要置民恒产。孟子认为，如果老百姓没有固定的而且有保障的财产，就不会有恒心，即"无恒产者无恒心"。没有恒心，国家就不会稳定。

置民恒产在当时讲就是给人民一定的土地，让他们拥有自己固定的财产。孟子常常想象着这个仁政的结果就是百亩之田、五口之家，小孩子有人抚养，老年人也有肉吃，并且不必担心遭强权剥夺。这样当然就是一个比较美好安定的社会了。

最高的德——《中庸》

道德自觉了，政治安定了，就有了达到至善之境的基础。什么是至善呢？就是中庸。从孔子开始，儒家就认为中庸是最高的品德。孔子讲过，"中庸之为德，至矣，民鲜久已。"中庸这种品德是最高的，老百姓能够这样去做的已经很少了。

《中庸》就着重探讨了中庸这种品德的内涵。中庸是什么样的德呢？它有两个根本的意义，一个就是中，即什么事情都要做到恰如其分，也就是要掌握一个度。中庸的庸是通常的意思，也是用的意思。所以中庸也可以反过来讲"用中"，即我们要"用"这个"中"，"中"可以说是一个常道。

在这个意义上，儒家还讲一个概念，叫作"和"。跟"中"一样，"和"也是恰如其分的意思。《中庸》里面有一句话叫作"喜怒哀乐未发谓之中，发而皆中节谓之和"。喜怒哀乐表达出来了，而且恰如其分，乐而不淫，哀而不伤，这就对了。儒家还有句话，"礼之用和为贵"，这个"和为贵"并不是说和和气气，这个"和"就是指用得恰如其分。礼之用也要恰如其分，过头了就虚假了；不足了，心意没到不够诚心，所以一定要恰如其分。这个分寸是很难掌握的，《论语》里面借孔子的弟子有子之口讲道："礼之用，和为贵，大小由之。"只要掌握这样一个原则，掌握这个分寸，那不管大小事情，都可以做到得心应手。所以，中庸也可以说是中国人的一个实践原则。

《中庸》的另一个根本意义就是"诚"。我们现在都在讲诚信，《中庸》就已经把"诚"这个概念提到了一个非常重要的地位。"诚"是什么？天之道！"诚者天之道。"天是最讲诚信的，"四时不忒"，四季不会错位，不会不来。春天过去一定是夏天，夏天过去一定是秋天，秋天过去一定是冬天，这个规律是不会变的，这是天道，天道就是这样的诚。人呢？人就应该效法天的诚道，所以说"诚者天之道也，诚之者人之道也"。《孟子》里也讲过，孟子讲："诚者天之道，思诚者人之道。"说法不太一样，但意思是一样的。

中国人非常强调以德配天，德侔天地，这是最高的。我们去看孔庙，孔庙里面写的就是"德侔天地"。孔子了不得，他的德行可以跟天相配，什么地方相配呢？就是这个"诚"字。天人合一，其实讲的就是天人之间德的合一，也可以说是一种德行的天人感应。你的德行跟天一样了，天就保佑你，你德行达不到天的要求，天就不保佑你，所以人的品行跟天的品行是互相感应的。人道应该向天道学习，天之道讲诚，人之道也要讲诚，以人道的诚之德去配天道的诚。《中庸》提出的这个诚的思想，可以说影响了整个中国文化的气质。

到了宋代，中国的根本性的典籍完全形成了：三玄、四书、五经。可以说，从中国本土的经典来看，以后的发展都没有离开过这些经典。不管是讲科学的也好，讲医药的也好，讲农业的也好，引经据典都离不开三玄、四书、五经。所以我前面就讲了，别看中国有那么多的典籍，汇总起来，都是有源可循的，就是这些根本性的著作。

随着汉末佛教的传入，也有一些佛教经典，成为中国文化的重要组成部分，到后来，特别是隋唐以后，成为人们引经据典的一些基本素材。

明末以后，又有西方的一些东西传入，对中国的文化、思想产生了很大的影响，而且不断地融汇到中国的文化中。特别是鸦片战争以后，讲得再确切一点，甲午战争以后，有许多西方的经典对于中国文化的影响是极其深的。比如严复翻译的《天演论》，就是进化论，对中国的影响就很大，一直到现在还有很深的影响。进化论本来是讲生物演化，后来又运用到了社会层面，在西方出现了

"社会达尔文主义"。本来是讲自然进化的，讲物竞天择、适者生存，到了社会达尔文主义那里，就变成了弱肉强食，变成了强权政治、优胜劣汰。所以《天演论》实际上不是简单的所谓达尔文的进化论，它已经包含了社会达尔文主义的理论在里面。这种理论对中国的影响极大。

近代以来，在一代代的中国学人中间，其思想也在不断变化。最初严复、康有为这一代人，基本上是借用西方的一些理论或是名词概念来诠释中国传统文化的一些思想和理念。之后的一代学人，就开始慢慢地用西方的理论体系重新构建中国的思想，用西方的价值观念来诠释中国的价值观念，使得中国文化本来的含义渐渐被消解了。逐渐地，中国文化越来越洋化了，失去了它原来的意义。最典型的例子就是中医西化，用西医的理论把中医本来的精髓一点点给消磨掉了。因此，现代人已经很难真正把握中国传统文化原来的含义了。

在这种情况下，我们更需要从源头性的典籍入手去体会中国传统文化，而不应该直接从现代人的诠释中去追寻。因为现代人的诠释已经很难把握中国文化的根本精神了。这就是我讲这个题目的目的——让我们都来重视这些源头性的典籍。只有从这些源头性的典籍入手，我们才能够慢慢地对中国本有的文化的精神，有一个重新的体悟和认识。

第四篇

儒家与中国文化

儒家由孔子创立，后来逐步发展为以『仁』为核心的儒家思想体系。儒家的学说简称儒学，是中国影响最大的思想流派，也是中国古代的主流意识。儒家思想对中国、东亚乃至全世界都产生过深远的影响。儒家崇尚礼仪教化，认为上天总是会帮助品德高尚的人，强调自我品德的提升，主张『修身、齐家、治国、平天下』，是中国传统文化的主干。

儒与儒家

儒家思想，或者叫儒家文化，在整个中国传统文化中，可以说是处于主体的地位。对于这个说法，也有人提出了不同的看法，比如20世纪80年代以来就有一些学者提倡新道家，主张道家是中国文化的主干。

其实，要看你从哪个视角来分析这个问题，儒道两家在整个中国文化中，都起着很重要的作用，可以说是密不可分、相互影响。但如果从历代治国的理念、政治制度的构建，以及人身修养、安身立命的最核心的价值观来看，儒家确实是中国文化的主干，道家还是起辅助作用。

讲到儒家思想，首先就有两个问题：什么是儒？儒家又是什么？

儒这个称呼其实很早就有了，过去讲的儒就像我们现在举行仪式时司仪那样的角色。古代常常由儒者来主持一个仪式，比如主持一场祭祀。后来儒者成了一种专门的职业，有这样一种说法，认为儒是以六艺教民者。

所谓六艺就是礼、乐、射、御、书、数这六种具体的技能。"礼""乐"这两个问题，我在下面很多地方会讲到；"射"就是我们现在讲的射箭；"御"就是驾驭车辆；"书"，大部分人认为是书写或书法；"数"就是计数、算数了。

儒者就是教授六艺的人。从这个角度来讲，儒者相当于现在的老师。

到了孔子的时代，实际上"儒"这个称呼已经泛化了。它已经成为当时凡是具有知识的人的通称，也就是我们现在讲的知识分子，那个时候称之为"士"。

儒家又是什么呢？儒家是孔子开创的一个学派。孔子的目的是研究怎么继承尧、舜、禹、汤、文、武、周公这些古圣人的经验，用学术来治理国家、教育民众。

在这些古代圣人中，离孔子最近的是周公。周公名旦，他是周武王的弟弟，辅佐武王和武王的儿子成王建立了西周王朝。周公旦在总结夏商两代兴衰的历史经验教训之后，提出了一个非常重要的思想，就是要求君主要"以德配天"，强调君主提升自我人格是最根本的，只有提升自己的品德才能得到上天的保佑。他告诫成王要"疾敬德"，要努力地提升自己的品德，这就开创了中国文化"以人为根本"的人文精神。

孔子继承了周公的思想，而且认为这一思想与尧、舜、文、武的思想是一脉相承的。所以《中庸》评价孔子时说："仲尼祖述尧舜，宪章文武。""祖述尧舜"就是继承了尧、舜的说法；"宪章"是表扬、发扬光大的意思，"宪章文武"就是发扬周文王、周武王的观点，以他们的原则为根本依据。"祖述尧舜，宪章文武"是儒家的一个根本特点，是它的思想根源。中国的儒家就是在这个基础上发展起来的。

儒学的发展

克己复礼——先秦原始儒学

第一阶段是先秦的原始儒学。原始儒学是由孔子开创的，但从思想的源头来讲，可以追溯到西周初期的文、武、周公。

原始儒学的代表人物，就是我们常常讲的孔子、孟子和荀子。

原始儒家的思想特点是什么呢？它的特点就是提出了一个理想的社会和对应这个理想社会的理想人格，并规定了许多具体的道德规范。

孔子建立儒学时，整个社会发生了一个比较大的变化，就是周天子的地位下降，诸侯国的地位随着其实力的强大而不断提升。

我们知道西周是一个封建制的国家，所谓封建制就是周天子把他同姓的子弟都分封为王，建立起众多的诸侯国，共同来保护中央。比如说周公，就被分到现在的山东地区，成了鲁国的王。

封建制本来的意图是想通过同姓、同宗的地方政权来巩固中央的政权，但实际上发展到后来，诸侯的势力越来越大，周天子的地位反而降低了。到了西周末期，周平王的势力就很弱了，最后只好东迁，由此进入了春秋时代。

春秋时，只要哪一个诸侯势力强大，就可以向天下发号施令。我们都知道春秋有五霸，第一霸是齐国，齐桓公在管仲的辅佐下，成为春秋的第一任霸主。后来齐国的势力弱了，其他国家的势力起来了，又由其他的国家来号令天下。这样的情况一直持续到战国。

孔子生活在春秋末年，他目睹了当时的混乱局面。原来的礼制规定天子处于至高无上的地位，应该享有最高等级的礼仪，而诸侯处于从属地位，他们能享有的礼仪必须低于天子的礼仪。可在春秋末年，由于各诸侯国和周天子之间力量对比的变化，诸侯们已经可以凭着自己的势力来实行天子的礼仪了。

《论语》里面有一句话："八佾舞于庭，是可忍也，孰不可忍也？"什么叫作"八佾舞于庭"呢？"八佾"就是八个人一排，一共八排，八八六十四个人，六十四个人在那儿跳舞。这种仪式本来是天子独享的，对于诸侯来说，只能享受"六佾舞于庭"的待遇。可是诸侯力量增强了，也想享受享受天子的待遇，于是也"八佾舞于庭"。这样礼仪的规范就颠倒了。那个时候等级的观念是非常分明的，不同的等级绝对不能享受同等的待遇，如果随意改变就叫作"僭越"。

作为周公的继承人，孔子看到这种情况，当然就很痛心了。在他眼中，这是一个"礼崩乐坏"的时代，所有的社会规范都被破坏了，伦常都混乱了，人们生活动荡，道德沦丧。所以他感叹道："是可忍也，孰不可忍也？"如果这都能忍受，还有什么忍受不了的呢？

应该怎样来改变这样一种状态呢？孔子提出了一个方法，就是要大家来"克己复礼"，以恢复礼制。什么叫作"克己"呢？克己，实际上就是启发人们道德的自觉性，就是要明了自己处于什么等级，并且遵守自己所属等级的礼仪规范，不得僭越，这就叫作"克己"。只有克己以后，人们才能够自觉地恢复礼、维护礼，能做到这点就是"仁"。所以，孔子说"克己复礼为仁"。

孔子提出了礼崩乐坏的问题，并且强调要克己复礼。非礼勿视、非礼勿动、非礼勿听、非礼勿言，以此把大家都纳入到礼制的轨道中去。但是他教导的基本上都是规范性的东西，并没有什么理论的说明。他的学说是很具体的，而且针对不同的人和不同的问题，给出相应的答案。

比如说，孔子对其弟子提出的"什么叫仁"这个问题的回答就各不相同。一次，孔子的弟子樊迟问"仁"是什么。子曰："爱人。"可还有一次樊迟又问什么是

"仁"，孔子就告诉他："先难而后获可为仁也。"意思是你先不要想得到什么东西，只有先努力去做，才可以有收获。孔子的另一个弟子司马牛也曾问过相同的问题，孔子说："仁者，其言也讱。"就是说仁者不是夸夸其谈的人。孔子另外一个弟子子张问他时，他就回答说，能够行五者于天下的话就是仁了。哪五者呢？恭、宽、信、敏、惠。

可见，孔子对于仁的回答都是非常具体的。他会根据每个人不同的情况，告诉他什么是仁，实际上也就是指出每个人身上的缺点和问题。同样地，在回答什么叫"为政"时，他也是根据每个人不同的情况，给出不同的答案。

到了孟子，离孔子所处的时代已经有一段时间了，但是孟子非常愿意学习孔子，他继承了孔子的主要思想，进一步研究怎样建设一个理想的社会。

孟子认为，一个理想的社会就是一个王道的社会、一个仁政的社会。所谓王道，他有一个很简单的解释，就是："养生丧死无憾，王道之始也。"（《孟子·梁惠王上》）让老百姓生死无憾就是王道了。

王道的前提是推行仁政，孟子认为仁政必须要从"经界"始，经界就是要给老百姓划定一块土地作为固定的财产。为什么呢？孟子对此有一句很有名的话："民之为道也，有恒产者有恒心，无恒产者无恒心。"（《孟子·滕文公上》）意思是如果老百姓没有固定的产业的话，就没有恒心，所谓没有恒心就是没有稳定的心态。没有稳定的心态，就什么事情都会去做，甚至是犯罪。所以孟子说，如果仁人在位的话，他一定会考虑到这个问题，给老百姓一些恒产，使他们有恒心。

从孟子到荀子，儒家思想又有了很大的发展。荀子的很多观点，对于后来两千年的封建社会，都有着相当深远的影响。

荀子跟孔子、孟子有几点不同，特别是在关于礼的问题上，荀子强调礼仪应该顺应人心，随时而变。他非常明确地讲道："礼以顺人心为本，故亡于《礼经》而顺人心者，皆礼也。"（《荀子·大略》）

另外，荀子对历史发展的看法也是很明确的。他说对于历史，应当"循其旧法，择其善者而明用之"。不仅要循其旧法，还要择其善者，光择其善者还不行，还要明用之。这个明是发明的意思，就是说对于历史不仅要择善，而且还要加以发明。所谓发明，现在来讲就是创造、创新，要能够符合现在这个时代的需要。这一点是中国古代的改革家们常常强调的。

以上就是原始儒学的简单情况。

罢黜百家，独尊儒术——汉代儒学

汉代应该说是儒学发展的第二个阶段。汉代儒学在理论上吸收了先秦时期其他一些学派的思想，特别是阴阳五行学派的思想，因此内容得到了极大丰富。

　　相对于原始儒学，汉代儒学最明显的一个变化，就是两汉的儒者努力想把儒学宗教化、政治化和制度化。特别是在宗教化方面，他们下了很大的功夫，围绕五经撰写了很多著作。因为这些著作是辅助经书的，所以被称为"纬书"。

　　在这些纬书里面，出现了一个很特别的情况，就是把孔子神化。纬书中说孔子脑袋特别大，像一座丘陵似的高高低低，所以叫孔丘。他不仅脑袋大，嘴巴也特别大，反正长得和普通人不一样。于是纬书就说孔子不是普通人，把他称为素王。所谓素王就是没有实际王位的王，这实际上是把孔子捧到了天子的地位。

　　但是两汉儒学在宗教化方面并没有成功，特别是到了汉末，玄学起来以后，大家就根本否定了这一套宗教化的做法。

　　汉代儒者最重要的贡献是为儒家争取到了政治上的主导地位。西汉时有一个大儒叫董仲舒，他极力把《春秋》说成是孔子为汉朝预先制定好的一部制度建设和国家治理的纲领。所以《春秋》在汉代的地位是非常高的，可以说渗透到了汉代政治和社会生活的方方面面。到了汉武帝的时候，就出现了"罢黜百家，独尊儒术"的局面。从这个时候开始，儒家在政治制度上的主导地位就确立起来了。但对于汉王室来说，他们内心未必是这样想的。

　　有一次汉宣帝处理一件事，没有按照儒家的规矩来。

有人就对他说，你做错了，按儒家的说法是不应该这样做的。汉宣帝就告诉他，汉家自有制度，自来就是王道、霸道杂用，纯用儒家还行？但是表面上，他还是说独尊儒术。

实际上，儒家自身也有变化。比如说董仲舒就特别强调阴阳学。而阴阳学是把德和刑都吸收了进去，阳就是德，阴就是刑，阴阳要平衡，要并用，那么刑、德也要并用。他的学说里实际上已经把德治和法治结合起来了。

其实，德与法的结合在荀子那儿已经有了。荀子说治理国家要隆礼重法。隆，就是推崇的意思；重，是看重的意思，也就是说礼和法同样重要。因此董仲舒作为儒家的代表，提出刑德并用并不奇怪。

后来，刑德并用就成了中国古代社会制度建设方面的一个原则。所以有人说儒家是完全讲德，完全讲礼制，这是不确切的。实际上，历来就是刑德并用、礼法并用，没有光用礼而不用法的。

在中国近代，有个思想家叫谭嗣同。他就一针见血地指出，中国"二千年之政，秦政也，皆大盗也；二千年来之学，荀学也，皆乡愿也！"（谭嗣同《仁学》）当然他是站在批判的角度上讲的，但他看的应该还是比较准确的，特别是对于荀学的地位。其实荀学在今天也还是很有意义的。

两汉儒学在儒家思想制度化方面应该是很成功的，儒家的治国理念，以及最根本的道德原则都得到了确立。从这以后，可以说中国历代的治国理念、制度安排和价值观念都是根据儒家的这一套来制定的。

到了魏、晋、南北朝，一直到唐代，几百年的时间里，由于玄学和佛教的冲击，儒家在思想领域和一般人的精神生活里，应该说已经不占据主导地位了，但是它在政治和制度方面还是占有主导地位。

到了唐代中后期，又提出了怎样复兴儒学的问题。之所以提出这样的问题，就是因为人们觉得既然整个的治国理念和政治制度都是按照儒家的理念来的，而我们的精神生活又完全是遵从佛教的，佛教跟儒家的关系如果处理不好，就存在着一定的矛盾，不好协调。

这个时候有人就开始总结经验了，为什么人们会被道家、佛教吸引呢？当时韩愈有个弟子，也是他很要好的一个朋友，叫作李翱。李翱写了一篇文章分析这个问题，分成上、中、下三个部分，叫作《复性书》。

在《复性书》中，李翱首先指出，为什么人们会去信奉佛教或道家思想呢？就是因为佛教和道家都有形而上的层面，而不仅仅停留在具体的层面。人都有生、死、贫、富，可为什么会有生死，为什么会有贫富呢？佛教提出了缘起、因果报应的理论，来解释这个问题。而儒家呢？《论语》里面讲了，孔子是不讲性与天道的，也不讲怪力乱神，所以大家就觉得儒家思想里似乎没有形而上的层面，都是讲具体的东西。

针对这种看法，李翱提出了一个非常重要的观点，他说其实儒家也有形而上学，只是大家没有注意到。比如《周易》里面就讲了很多形而上学的道理，说："形而上者谓之道，形而下者谓之器。"（《易经·系辞上传》）除此之外还有《中庸》，《中庸》一开始的三句话："天命之谓性，率性之谓道，修道之谓教。"不就是在讲形而上学吗？李翱总结说，其实儒家有很多这种形而上学的思想，只是我们没有去发掘而已。

从那以后很多人又开始研究儒学，特别是到了宋代，儒学又重新夺回了在人们精神生活中的统治地位。

理一分殊——宋明理学

北宋有五位理学的奠基者，人称北宋五子，即周濂溪、邵康节、张载、程颢和程颐。可以说他们都是从《周易》入手，来发掘儒家形而上学的东西。但是光靠这个还是不行，他们又借鉴了很多佛道的理论，把它们运用到儒家的经典著作中去。这样，他们就把儒家的许多具体的解释，提高到了理论的层面，或者说形而上的层面。

比如说关于"仁"，孔子并没有给"仁"下一个明确的定义，而是根据不同的人给出不同的答案。到了宋明理学就不一样了，先看朱熹是怎么解释"仁"的。他讲："仁者，爱之理，心之德也。"（朱熹《四书集注·学而篇》）完全将"仁"抽象化了，没有具体教人该怎么做，而是提升到形而上学的高度来讲，"仁"在这里已经具有了一个普遍的意义。

理学家最强调天理，而天理又是什么呢？"张之为三纲，纪之为五常，宇宙之间，一理而已。"（《朱文公全集·读大记》）宇宙间只有一个天理，理学家有时候又把它称为"太极"。天理具体来讲，就是儒家强调的礼教，就是三纲五常。三纲是指"君为臣纲，父为子纲，夫为妻纲"，五常是指"仁、义、礼、智、信"，这些是人人都要遵守的。

在这种思想之下，理学家又提出了"人人一太极，事事一太极，物物一太极"的思想，就是说每一个具体的事物里面，都体现了一个完整的理。为什么这样讲呢？因为具体来讲，虽然三纲五常是一个整体的天理，但其实在每个个体身上都完整地体现了这样一种关系。比如你不能说我只是一个父亲，我没有体现别的，那不行啊，对于你父亲来讲你是儿子，对于你儿子来讲你是父亲。在你身上既体现了父亲的理，也体现了儿子的理，这个理是完整的，不是孤立的，这就叫理一分殊。也就是说，每个具体的个体中都包含了整体的全部内容，所以是整体的体现。

理学家的这个想法是从哪儿来的呢？很大程度上是受到了佛教思想的影响，因为佛教讲"理事无碍""事事无碍"，特别是华严宗讲的"月印万川"的道理对理学家有很大启发。

佛教讲"一月普现一切水，一切水月一月摄"。天上的月亮映在地上的千万条江河里面，都是完整的反映，并不是说长江里面的月亮是月亮的一部分，黄河里面的月亮又是月亮的另一部分，都是完整的体现。所以，佛教认为理是一个整体，而事是理的各种各样的特殊反映，理和事是无碍的，所谓无碍就是圆融的。并不是理是理，事是事，或者事只是理的一部分。进一步讲，因为每件事里面都有一个相同的理，事与事之间其实也就是无碍的，这就叫事事无碍。

这种思想深深影响了宋明理学家，推动他们建立了儒家的形而上学体系。

所以，到了宋明时期，儒学已经有了很大的变化，开始强调天理、良心。陆王学派就强调良心。良心跟天理应该说是一个东西，无非是从不同的角度来强调。一个强调外在的，一个强调内心的，它们本质是相同的，只是两种不同的表现方式。

后来中国人总是讲天理良心，遇到事就问，对得起天理良心吗？是不是按照天理良心去做事啊？这些都是宋明理学以后的理念。

以西学解释中学——近现代儒学

到了近代，西方思想的精神对于儒学的冲击很大。开始的时候，知识分子应该说并没有完全抛弃儒学，而是通过吸收西方的理论，来解释儒家的思想。这种通过吸收别的理论来构建新儒学的做法并不是从近代才开始的,如两汉的新儒学就是吸收了先秦诸子的思想,特别是阴阳五行的思想,才成为一种新儒学的;宋明理学成为一种新儒学,也是因为吸收了佛道的思想。显然,儒学本身是在不断发展和变化的。

我认为,近代的儒学是从康有为开始的。他著了很多书,包括《论语注》《孟子微》《礼运注》等。他用当时西方流行的很多思想,包括很多佛教的思想来解释儒家的思想。这一点在谭嗣同身上表现得就更明显了。在《仁学》里,他就认为,儒家的仁、墨家的兼爱、佛教的慈悲跟基督教的爱人,都是一个意思,都是用一种思想完全地贯通起来的。

港台的新儒家同样是这样。比如牟宗三先生,他就是完全以新康德主义来重建儒学。

我觉得儒学现在还在第四个阶段。完全回避现在西方文化的影响,去恢复原来的儒家,这是不可能的。将传统思想毫无改变地保留到现在是不可能的。另一方面,要完全斩断传统也是不可能的,这就是文化的特征。所以,既要保留传统,又必须有所发展,这就是我们现在面临的挑战。

要应对好这个挑战,首先要摆脱现在新儒家的一个情结,就是以儒家思想来一统天下。牟宗三先生曾非常明确地宣称过,新儒家的思想是什么?就是"三统并建"。哪三统并建呢？就是儒家的道统、政统、学统并建。他说要传承孔孟以来的道统，还要传承儒家在政治上的政统，另外还要传承和发扬儒家的学统。

我想，这种儒家的情结实际上是一种观念，也就是认为儒家还应该是一统天下的，不承认或者忽视了现代社会已经不是某一种思想一统天下了，而是一个多元文化并存的时代。

儒家应该回到创立它时的初衷，作为一种修身养性的学说，或是教育的学说而存在。只有这样，它的价值和意义才能在今天得到正确的发展。如果还是非要把它跟所谓的政治、科学捆绑在一起的话，其结果只能是扼杀儒家。其实有很多人早就提出来，儒家应该把政统跟修身养性的东西分开，因为政统的东西已经过时了，但是那套修身养性的思想在今天还是有现实价值的。

我认为，我们要恢复儒家，是要恢复没有成为政治制度时候的儒家，让它真正在人民的精神生活方面发挥其应有的作用。

以王道仁政来化导天下的治国理念

首先是治国理念，儒家治国理念的核心就是"王道仁政"，实行王道，推行仁政，重视礼乐教化。因为文明也好，人文也好，在儒家看来都是礼乐教化的问题，有了礼乐教化才可能有文明。如果没有礼乐教化，让一切随着人的本性走的话，社会就不可能是安定的。

儒家把推行礼乐教化当作自己最根本的责任，其实我们现在用的"文化"这个词最早是相对于"武化"来讲的。文化就是以礼乐来化导社会，武化就是以武力来化导。

《乐记》里讲"乐以治心"，"礼以治躬"，也就是说乐是治心的，礼是治身的；乐是动于内的，礼是动于外的。如果说乐能平和你的心态，礼能培养你的身体，那么就内和而外顺。这样作为个人来讲，就是非常有素养的人了；对于社会来讲，就是非常和谐的社会了。

儒家非常重视制礼作乐的作用。在中国历史上，在每个朝代相对稳定下来以后，首先要做的一件事情就是制礼作乐。所谓制礼作乐不一定是完全启用新制度，而是对前朝的礼乐制度重新审视一下，不足的地方要补充，把被破坏的礼乐制度恢复过来，然后再来强调法，强调刑。

这就是儒家的治国理念，推行王道、仁政，重视礼乐教化，同时礼法并用。

"要在中央，事在四方"的政治制度

在政治制度方面，儒家整体来讲还是推崇封建，也就是重视血缘的关系，这是从西周开始的。到秦朝的时候，推翻了封建制，实行的是郡县制。郡县制就斩断了血缘，各个地区的长官，跟天子是没有血缘关系的。但汉初又恢复了同姓分封、护卫中央的封建制。以后，封建制虽然不断遭到批判，但是始终没有被完全废除。

其实，从汉代以后基本上都是封建制跟郡县制并行，到清代我们还可以看到，很多亲王都有封地。亲王都是清帝王的同姓子弟，这种封地就是一种封建。亲政的亲王可能不一定有职务，但其影响力和权力还是相当大的。同时，地方官员又采取郡县制。

既然不是单纯的封建制，为什么我们还要用封建制度来描述整个历史呢？现在很多人已经提出来，用封建制来概括中国古代的政治制度不恰当。但是，我觉得借用这个东西也是可以的，只要我们明白它的意思就行了，总的来讲，还是强调宗法的血缘关系。

儒家在政治制度上强调大一统。"大"在这里的意思是重视，以一统为大，以一统为最根本；或者可以说是"第一"的意思，以一统为第一。这种思想汉代就有，董仲舒解释《春秋》，就认为《春秋》是重视一统，推行一统的。但当时讲的一统其实是正统的意思，也就是地位合法不合法的问题，跟我们现在讲的一统意思不完全一样。

另外，儒家思想也强调中央集权，这里面其实包含了法家的思想。我们讲古代社会是封建专制，封建就是指宗法血缘，专制就是指中央集权。法家的代表韩非就说"要在中央，事在四方"，就是说具体做事的是地方，中央则要把握总的纲领。

韩非的法家思想吸收了道家的思想，所以他强调"君道无为，臣道有为"。君主不应该事必躬亲，而要充分地发动臣下去做。那么作为君主又该做什么事情呢？两点，一个是赏罚，一个是用人。韩非提出"疑者不用，用者不疑"，这是第一原则；第二原则就是赏罚分明，该赏的就赏，该罚的就要罚。中央是要掌握政策、掌握用人，具体的事情要充分发动底下的人去做。这其实是一种非常好的管理制度。

我常常讲，其实道家无为而治的思想，包括法家"要在中央"的理念，都有很深的意义在里面，很值得我们去研究。不要一听到中央集权就完全否定，要看怎样集权。

大同与小康的社会理想

儒家的理想社会跟它的治国理念是相关的，是从不同角度思考的。儒家的理想社会当然就是大同世界了，大同世界就是天下为公。

这个说法出自《礼记》的《礼运》篇，《礼运》里面记载了这样的理想：

> 大道之行也，天下为公，选贤与能，讲信修睦。故人不独亲其亲，不独子其子，使老有所终，壮有所用，幼有所长，鳏、寡、孤、独、废疾者皆有所养，男有分，女有归。货恶其弃于地也，不必藏于己；力恶其不出于身也，不必为己。是故谋闭而不兴，盗窃乱贼而不作，故外户而不闭，是谓大同。

从儒家提出这个大同世界的理想以后，可以说就成了各个时代先进中国人共同的政治理想。近代康有为搞戊戌变法的时候，他的理想就是大同世界，他写了一本书，名字叫作《大同书》。孙中山搞民主革命，追求的也是大同世界。所谓大同世界就是没有国界，没有种界，没有阶级的界限，老有所终，幼有所长，壮有所用，路不拾遗，夜不闭户这样一个社会。这是比较理想化的，在现在来讲，就是共产主义。

儒家提到了大同也提到了小康，在小康社会里面，就是有分别的，有君臣、父子这样一些等级。

光有大同世界这个理想还不行，还要具体落实。荀子就主张面对现实建立小康社会。他认为，社会没有等级是不可能的，没有等级社会就会混乱。所以他强调要建立尊卑有别、长幼有序、群居合一的社会。

荀子认为人不能孤立存在，一定要结成群。那么，这个群体怎样才能和谐呢？就是必须明分，荀子就讲"明分使群"。还有就是要达到一致，所谓达到一致就是同心同德，上下一致。在上下一致中，荀子特别强调上面的各项政策都要符合民心，只有这样下面才能跟上面保持一致。上下一致，这个社会就和谐了。

小康社会，就是群居合一的，是有等级的，不是无分别的。

那么，这个小康社会怎样才能达到真正的平等呢？荀子借用了《书经》里面的一句话，叫作"维齐非齐"。就是说要达到平等，只有通过不平等才行。如果大家都一样的话，这个社会就没有一个法。荀子认为，人们按照职业的不同、地位的不同，必须要有分别，没有分别是不行的。

可以说，儒家的理想就是这两种社会，一种是有点儿空想的大同社会，一种是比较实际的小康社会。

"长幼有序，惟道是从"的人际伦理

在人际关系上面，应该说儒家是非常强调尊卑有别、长幼有序的，这样才需要伦理建构。儒家有所谓五伦，即君臣、父子、兄弟、夫妇、朋友。过去把前面四伦都看作是不平等的，记得谭嗣同曾经讲过，五伦里面就朋友这一伦是最好的,是平等的。我们可能也听过"君要臣死,臣不得不死;父要子亡,子不得不亡"的话,好像下对上只能是绝对地服从。其实原意上来讲不是这样的。

我们去看《礼记》,《礼记》里面曾经讲到,要治理好一个国家,必须考虑四个方面:人情、人义、利、患。它还特别讲到什么叫作人义,说"父慈子孝,兄良弟悌,夫义妇听,长惠幼顺,君仁臣忠,十者谓之人义"。就是说父亲要慈爱,儿子就要孝顺;兄长要非常善良,做好榜样,弟弟就要尊敬兄长;丈夫要义,妻子就要听从;年长者要讲惠,年幼的人才能够顺;君主要讲仁义,臣下才能尽忠。这完全是相互作用,不是单向的。

如果君不仁怎么办啊?臣是可以不忠的。儒家理论体系中都是这样的。有人问孟子,周文王和周武王作为臣子,怎么能够去杀商纣王呢?孟子怎么回答的?他说,我从来没听说过臣杀君这件事情,而只听说过诛一独夫而已!商纣王已经是一个独夫民贼了。

荀子就更明确地提出"从道不从君"的原则。就是说要按照道来做事情,不应该盲目地"从君",所以才有汤把夏桀推翻了,武王把商纣王推翻了的事,这就是中国历史上的"汤武革命"。

当然不能说历史上没有愚忠,没有三纲五常,但是从思想本身来讲,并没有要求这样做,因此历史上才有很多连死都不怕的谏臣。只要皇帝错了,就要进谏,哪怕皇帝把他杀了也要说,这些谏臣遵循的就是"从道不从君"的理念。

在现代人看来，也许这种做法太蠢了，但是这种精神是非常宝贵的。我们经常强调要做一个大丈夫，《孟子》里面讲要成为大丈夫，基本的条件有三：富贵不能淫，贫贱不能移，威武不能屈。这就是大丈夫的品格，这就是儒家提倡的做人的根本准则。

有几句话我们都很熟悉，就是诸葛亮讲的"鞠躬尽瘁"，范仲淹讲的"先天下之忧而忧，后天下之乐而乐"，文天祥讲的"人生自古谁无死，留取丹心照汗青"。这都是我们经常背诵的一些名言，可以说都是在儒家思想的熏陶下人格的升华。

所以，儒家在人际伦理上强调有序有别，但是在有序有别中，又强调权利和义务是相互的。总而言之，它体现了一种"惟道是从"的精神。

"从心所欲，不逾矩"的修养观念

在个人的身心修养方面，儒家强调以修养为本。从整体来讲，修养就是一个人整体素质的养成问题。一个人整体素质的养成要通过教育，儒家强调教育，而且十分注重家庭教育。家庭教育是人受教育的开始，然后是学校的教育，还有社会的教育。但是不管是家庭、学校还是社会的教育，都是一种外在的力量，儒家更看重的是一个人内心的自觉性。

儒家强调修养是一个自觉、自律的过程，也就是克己复礼的过程。如果我们不把"礼"局限在所谓的封建礼仪上，而是把它扩展到社会的道德规范的层面，那么我想在任何时候"礼"都是我们所需要的。

如果我们不能自觉地遵守社会的规范和人际关系的原则的话，那么我们可能会处处碰壁，也就永远得不到自由了。用佛教的话来讲，就是不断地自寻烦恼。

其实一定的自律并不是要让我们做道德的奴隶，而恰恰是让我们做道德的主人。如果我们领悟到了，就可以从物质的奴隶变成物质的主人，从道德的奴隶变成道德的主人，这一切都在于思维方式的改变。

这就是哲学里面的自由，只有认识了必然才会有自由，如果你处处都跟必然斗争，那就永远得不到自由。就像我们开车出去一定要遵守交通法规，如果你偏不遵守，那好了，你就一天到晚拿罚单吧。不光拿罚单还有可能被抓起来，这还有什么自由可言？但是，如果遵守了交通法规，车开到哪儿你都会感到很自由。

儒家修养身心的目的，就是为了能够让人安身立命。所谓的安身立命就是，使人能够在社会上自由自在地生活，真正实现自我价值，达到孔子讲的"从心所欲，不逾矩"的境界。

乐观而注重现实的生活态度

儒家的修养观决定了儒家的生活态度是非常乐观的。从这个方面来讲，它是跟佛教相反的。佛教的人生观是苦命，而儒家则是很乐观，但这并不妨碍从不同的道理通向同一个境界。

就像孟子讲性善，而荀子却讲性恶。不管是性善也好，性恶也罢，一个是通过扩展善心来达到人生的至高境界，一个是通过改变恶性来达到人生的至高境界，最后达到的目的都是一样的，手段也大致相同，都是通过教育和修养。

你不能说我人性善了就可以自然而然地达到最高的人生境界，这是不可能的，必须要有一个不断地受教育和自我修养的过程；而如果人性恶，你就认定自己必恶的话，你在这个社会上是没法生存的，还是要化性起伪，通过教育、自身修养来达到最终的目的。

所以，孟子和荀子虽然出发点不同，但是殊途同归，最终都达到了人生的理想人格的境界。

既然儒家的生活态度是非常乐观的，当然就非常珍惜生命。孟子曾说："君子不立乎危墙之下。"明明知道墙要倒了，却偏偏非要站到那里，这并不能显出你的勇敢。不是说我活着就要怎么了不起，不是这样的，而是要重视现实，不回避现实，不沉湎于虚无的理想，而是要通过实践努力实现理想。

可以说，儒家非常重视人的努力，儒家有一句话叫作"尽人事，听天命"。"听天命"也不是消极的意思，而是指一件事情有时机成熟与不成熟的问题，时机成熟了就行了，就可以实现了；时机不成熟呢，可能一时还实现不了，但是不能因此就放弃自己的努力。因为努力实际上也是在创造时机，你没有机遇不能成功，但是这个机遇也不是坐等来的，必须要"尽人事"，只有"尽人事"才能够创造一些机遇，儒家就是这样一种生活态度。

舍生取义的价值观

最后我把儒家的价值观念简单地归纳起来，就是要"见义勇为，见利思义，舍生取义"，也就是说要在奉献中实现自我，实际上这就是怎样成为一个真正的人的问题。

在《论语》里，子路曾经问孔子，怎样才能算是一个真正的成人？孔子回答他说："见利思义，见危受命，久要不忘平生之言，亦可以成人矣。"见到利就要思义；遇到危险要能挺身而出，勇于承担；不管多长时间，只要承诺过的事，就一定要去实现它。孔子认为只要做到这三条，就可以算成人了。这也可以说是儒家对整个人生的价值观吧。

儒家的思想从治国到处理人际关系，一直到个人的生活态度和修养等方面，可以说都有一套非常周全的理论。

何谓真儒者

奉天法古

儒家非常强调以天为则，以史为鉴，这就是"奉天法古"。以天为则就是要效仿自然，顺从自然。对于自然，对于天地万物，我们必须按照其自身的规律去理解它，而不应该根据自己的主观愿望随意地改变它。这不仅仅是道家的思想，也是儒家的思想。

《论语》里面曾经提到：尧为什么伟大啊？"唯尧则天"！赞扬尧舜能够无为而治。我已经一再说过，无为而治不是一种消极的态度，相反，它蕴含着积极的意义。最典型的例子就是大禹治水。大禹没有采取"堵"的方式治水，而是顺应水性去化解水灾。儒家对他的做法给予了高度的赞扬。

那么，以史为鉴呢？唐太宗有一句话是"以镜为鉴可以正衣冠，以史为鉴可以知兴替"。中国历代的统治者，当政局稍微稳定以后，一定会修订礼乐，另外也一定会修前朝的历史。为什么？是为了总结前朝兴亡成败的经验教训，这就是以史为鉴。这是中国的一大特色，中国的历史学在世界上来讲也是最发达的。

内圣外王

"内圣"就是自己的修养要高。那么，怎样提高修养呢？就是以君子为榜样来要求自己。但是，仅仅提高内在的道德、修养是不够的，还必须强调"外王"。"外王"就是所谓的"事功"，即不仅要有内心高明的修养，还要把它运用到现实的生活中去，并做出成绩来。

在中国，形容一个人品德好，就是立德、立言、立功。首先是培养自己的品德；然后还要"立言"，就是说你的话能够让大家从中受到启发，受到教育；但只有立德、立言还不行，还要立功，就是要做出成绩来。

知行合一

内圣外王是指内外两个方面——既要有自己的修养又要有外在实际的业绩，就是强调要能够经世致用。怎么用呢？《中庸》就讲，要"博学之，审问之，慎思之，明辨之，笃行之"。"博学之，审问之"就是要多搜集资料，直接去考察一下；然后"慎思之"，慎重地思考；还要"明辨之"，即辨析清楚；最后"笃行之"，就是要落实到行动上去。"笃"就是实在的意思，要很坚定，实事求是地去做。荀子有一句话叫"学止于行而至矣"。行，就是做学问的最高点了。

朱熹也讲过一句话："学之之博，未若知之之要；知之之要，未若行之之实。"就是说你学问再广博，如果不能把握知识的要领，那做学问也是没用的。但是你能够把握它的精神要点，又不如你实实在在去做。"知"必须要落实到"行"，落实到"行"才是最重要的。

重在体悟

儒家强调学习是为己之学，就是要通过学习来提升自己的修养，并没有把学习看成是纯粹的知识积累，而是把它看作是提升自己智慧的工具。因此，儒家非常强调在学习中体悟。

"体悟"一词中的"体"本身也包括前面所讲的实践，即身体力行。在"体悟"中，儒家更强调悟，悟就是通过学习知识来把握事物内在的精神，并灵活地运用它。

而且在体悟时，儒家还非常强调对不同个体的针对性，而不是一种普遍的适用性。哪怕是可以普遍适用的东西，也要针对不同的个体进行个别的处理。这就是儒家非常重要的学习和思维的方法。

执两用中

儒家非常强调中庸，这个"庸"是平常的意思，还有"用"的意思。中庸实际上可以反过来讲，就是孔子讲的"执其两端，用其中"的"用其中"的意思，强调过犹不及，要把握适当的度，把握中道。

中庸不是调和的意思，而是恰如其分的意思。比如你吃得太饱了不行，会撑得难受；同样你吃不饱，饿着也是不行的。对子女的教育也是，你放手不管不行，管得太严也不行。既不能太严也不能太慈，要做得恰如其分。

掌握这个度并不容易，所以在《论语》里面，孔子感叹道，现在很少有人具备中庸这种品德了，常常爱走极端。

和而不同

儒家思想里面还有一个非常重要的观点就是"和而不同"，实际上就是多元并存和相互包容的意思。这个世界只有多元并存，才能够互相吸取，互相推动，才有共同的发展。如果都是单一的话，没有不同的意见，没有不同的思想，可以说就没有一个前进的动力。所以，我觉得"和而不同"是儒家非常有价值的思想。

守常明变

最后我还想提出儒家"守常明变"的思想，或者叫知常明变，即认识到事物都有它的原则，或者根本的规律，但是应该在特殊的情况下灵活地处理这种规律。在儒家那儿，就称之为"经"和"权"的关系，"经"的意思就是有原则、规律，"权"就是权变、灵活。

比如儒家讲男女授受不亲。孟子讲，男女授受不亲是根本原则，是"经"。但是如果你的嫂子掉到井里面去了，你伸不伸手去抓她？孟子说应该伸手，这就是"权"。你不能光是守着井，让她掉下去淹死，这个时候你就要权变。知常还要明变，即知道"经"还要用"权"。

所以，儒家非常强调顺时而变，要与时偕行。"时"这个观念，在儒家思想里面跟"中"一样，非常重要。《周易》里面就把"时""中"这两个字放在一起讲，又把"中""和"这两个字放在一起讲，"和""中""时"三个观念就成为一个非常完整的处理问题的原则。

和而不同的意义，就是多元并存。那么，多元并存就不能对一个过，对另一个不及，而是要掌握好分寸，这就是"中"。但也不是你想怎么样就能怎么样，要看时机。这个时机包括环境和条件，其实就是机遇。有了机遇，一件事情才能真正地实现；如果没有这个机遇，那你的愿望不一定能够实现。

对于这一点，中国古代有一句谚语作了概括，叫"识时务者为俊杰"。这句话本来是正面的，俊杰非常能够识时务，所谓识时务就是能够把握时机。可惜后来多被用为贬义，变成投机取巧的意思了。

因此，把"时""中""和"这三个思想很好地融合起来，吃透了，把握住了，我想儒家考虑问题的方法和处理问题的原则就都有了，做一个真正的儒者也就不难了。

儒家教育之法

我们讲孔子其实是个教育家。他提出的教育思想是中国几千年教育理论的基础，但我们今天对儒家的教育思想抛弃了太多。

第一条是有教无类。就是无论什么人都有接受教育的权利。这一点我们现在在形式上应该是做到了，但是不是完全做到了还是个问题。

第二条是因材施教。这是我们面临的最严重的问题。我们现在与孔子的做法完全相反，不但不遵循因材施教的要求，反而要求大家都一样。一进大学就要求你成为这个家、那个家，可实际上哪有这么多家。我想不因材施教是对人才的一种最残酷的扼杀。大家都往一个方向走了，可这个方向上明明只需要几个人，结果却来了几十个，那不是害人吗？

第三条是启发引导。现在我们的教育完全变成了灌注式的，人们也懒得学习了。有问题反正有老师回答，至于为什么是这个答案，自己也不会好好地去想一想。

由此可见，儒家的教育思想不但远远没有落伍，而且其中还有很多值得今天的人们深思的东西。

　　总之，我觉得对于儒家的思想，可能还需要作一个全面的了解。我们当然可以找出儒家思想里面的许多糟粕，或者给它扣上一个政治帽子，反动的、陈旧的都可以。但是我们对于自己的历史和文化，如果只是当作包袱来抛弃，或者只是专门去找其中那些腐朽的、落后的、反动的东西，那是非常可惜的，也是非常可悲的。

　　既然几千年来中国人都生活在这样一个文化氛围里，前人又都不是傻子，不是蠢人，那么我想这里面一定有很多合理的东西值得我们借鉴。我们是不是应该换一种思维方法，去挖掘那些具有启发性的东西，使之成为我们的财富，增强我们的自觉和自信？

　　历史是已经过去了的东西，究竟该用什么样的眼光去选择什么样的东西，是选择那些能够使我们变得自觉、自信、自强的东西呢？还是选择那些让我们感到羞耻的东西？决定权就在我们的手上，而不是在老祖宗的手上。

　　我最近看到报上的一篇文章，作者说，在中国历史上，他比较信服的只有《道德经》，其他的都不行。他认为孔子的所有言论都是独断论，因为孔子没有逻辑，从言论里看不到西方那种严密的推演，以后的思想家也全都是这样，因此中国人的思想是不可信的。当然就更谈不上什么创造了，所以我们永远也跟不上别人。我想，他这么说是因为没有读懂中国的文化，或者是带着某种偏见去看中国的文化，结果就变成了这个样子，很可怜。其实，只要我们能够换另外一种态度和眼光去看待中国文化，就一定可以受益匪浅。

第五篇

道家与中国文化

道家思想始于春秋末期的老子，用『道』一词来概括这个学派由汉初开始。道家思想一度成为汉王朝的治国思想，但从汉武帝时期起，儒家思想成为治国的主导思想，并被后世帝王采纳，道家思想逐渐『退居二线』，从此成为非主流思想。

尽管如此，道家思想仍对中国传统文化产生了重要的影响，尤其是在兵法和中医方面，其核心思想是要遵循天地万物的自然本性，强调自然无为，反省自己，因势利导。

道，可道，非常道

道家思想与中国传统文化，我主要是讲道家思想和中国传统文化之间的关系问题。

我觉得，道家思想在整个中国传统文化中应该有很深的影响，是其中一个重要的组成部分。但是，以往我们对这个问题注意得还不够。虽然我们经常讲儒、释、道，但通常我们的脑子里面，特别是现代人的脑子里面，更多的是"儒"和"佛"，"道"相对来说看得比较轻一些。这其中原因很多，道家思想本身也确实比较复杂。

这里我想先谈谈道家名称的来源。在先秦，道家的名称即道家学派的名称还没有形成，因为道不像儒那样是一个职业，它就是一种思想理论或者一个概念。

到了汉代，司马迁的父亲司马谈在总结先秦各种学术流派的时候提到先秦有阴阳、儒、墨、名、法、道德六个主要的学术流派，其中"道德"家又简称为道家，从此以后才有了"道家"这样一个名称。

为什么道家被称为"道德"呢？《史记》中《老子韩非列传》里面提到老子，说老子是楚国苦县人，姓李名耳，字聃，修道德，学问以自隐无名为务。孔子还曾经去拜访过他。后来老子看到周已经衰亡了，就想往西边去，经过函谷关的时候，碰到当时守门的官吏叫尹喜的，他跟老子说：你现在就要归隐了，能不能给我留下一点文字啊？于是老子乃著书上下篇，言道德之意五千余言，后人就称之为《道德经》。老子这一派也就被称为道德家，简称道家。

首先我想对"道德"这个概念稍微作一点说明。这个"道德"跟我们现代人理解的"道德"的概念有很大的差异，甚至是完全相反的。为什么这样讲呢？因为我们现代人讲的"道德"，就是指日常生活中的行为规范或伦理。但是先秦的时候老子讲"道德"，恰恰是为了否定这些东西。

日常生活中，按照伦理关系所做出的道德行为，在老子看来只是"仁义""孝慈"。那老子的"道德"又是什么意思呢？它强调的恰恰是事物本然的状态，因为"仁义""孝慈"都是我们人为提倡的，人为地根据社会关系建立起来的。例如，要求作为父亲应该慈，作为子女就应该孝，所谓父慈子孝；君要仁，君仁臣才可以讲忠。这些东西在道家看来都是人为的，所以他们称之为仁义礼智，也就是对人本性的改造。用儒家荀子的话来讲，就叫做"化性起伪"，即改变本来的性，用人为规定的礼仪来规范，"仁义"这些东西都是属于这一类的。

而道家在某种程度上，就是强调顺从人的本性才是最重要的。"道"就是属于整个天地万物的共同的自然本性。那么"德"呢？就是指每个个体从道那里得到的天然本性。道德的"德"也就是得到的"得"，德者得也。得之于哪儿呢？得之于天道。老子强调要尊重天地万物，包括人在内的一切事物自然的、天然的本性，实际上就是以此来批评，或批判儒家所倡导的仁义礼教的规范。

在先秦时期，道德和仁义可以说是两个相对立的概念，可是后来道德仁义融合成了一个概念。现在人们讲道德就是讲仁义这一套，这一点我们要了解。下面我们再讲道家的道德这个概念时就心中有数了。

道家的发展

先秦道家

先秦的道家我们可以称之为原始道家。原始道家到战国时已经有很大的发展。从战国中期开始，实际上就进入了一个中国学术大发展的时期。在这一时期，各家学术都有一个分裂同时又互相整合的过程，形成了一个非常繁荣的学术氛围。

我们看韩非子，他是战国末年的人，曾给秦始皇统一天下出过很多主意，但是最后被李斯——他的同门师兄给杀掉了。韩非写过《显学篇》，他认为先秦时的显学主要指两家，一个是儒家，一个是墨家。而儒家又分为八个不同的学派，这从荀子的书里也可以看到，有君子儒，有小人儒，有子张之儒，有子思之儒，等等。

韩非子《显学篇》里没有提到道家。但是，我们可以从另外一部文献——收录在《庄子》里的《天下篇》中了解许多当时道家的情况。《天下篇》叙述了先秦各种不同思想和学术发展的情况，提到道家时已经把它分成三个派别，哪三个派别呢？

一派就是彭蒙、田骈和慎到，他们都是先秦非常重要的思想家。以前有人把他们归到道家学派里，有的则把他们放到名家学派里。

《天下篇》里讲这一派的主张是"齐万物以为首"，"弃知去己"，"莫之是，莫之非"。这确实是道家的一个特色。《庄子》里面就讲了国之难治，就是因为老百姓的智慧太开放了，所以一定要去其智才可以治理好国家。老子也有"绝圣弃智"这样的说法，意思与"弃知去己"差不多。而"莫之是，莫之非"也是道家相对主义的一种说法。《庄子》里有一篇文章叫《齐物论》，就专门探讨了这个问题，强调是非很难定论。什么叫是？什么叫非？站在我的立场上看这个是是，那个是非，而站在你的立场上看，可能恰巧相反，这无论找谁来评判都是没有办法解决的。如果你找一个同意你意见的人来评判，那么这个人的是非观不就是你的是非观吗？如果你找一个同意他的意见的人来评判，那这个人所持的又是他的是非观了。如果你找一个既不同意你的意见也不认可他的观点的人来评判，那这个人又该怎么判断呢？对他而言，你们两个都不对，所以根本没法判断。

《天下篇》里提到的道家第二派就是关尹、老聃。老聃就是刚才讲的，司马迁提到的李耳。他出函谷关的时候，就是关尹要求他留下文字的，所以就把这两人算作一派了。

《天下篇》称这一派的主张是"以濡弱谦下为表，以空虚不毁万物为实"。老子非常强调谦卑，让人们学习水的品格，因为水都是从高处往下流的。还让人们学习无为、无名，即不要把自己的意志强加给别的事物，去改变它们的本性。这跟我们现在看到的《老子》里面的观点是相吻合的，所以《天下篇》这样说是有根据的。

第三派就提到庄周了，庄周就是庄子。《天下篇》说他"独与天地精神往来而不敖倪于万物，不谴是非，以与世俗处"。这个说法跟前面的"莫之是，莫之非"有相通的地方。

"莫之是，莫之非"，就是没法定论是非。"不谴是非"就是根本不谈论是非的问题。这在庄子的思想里是很突出的。庄子曾讲道：有些东西你讨论它干什么呢？所谓"六合之内，论而不议"。六合就是天地东南西北，对于六合之内的事情论而不议，就是说你知道它是这样的或那样的就完了，而不要议论为什么它是这个样子，又怎么会变成那个样子。六合之外呢？就是存而不论，你不要论它，不知道就是不知道，也无须议论，所以也可以说是"不谴是非"这种精神的表现。

"独与天地精神往来"，就是庄子逍遥的思想。无所待，因为任何东西都是有待的，《逍遥游》一开始就讲到大鸟看起来飞在天上很逍遥，但其实它飞翔是靠翅膀挥动引起的空气振动而来的，不是真的逍遥。只有精神可以四处翱翔，能够真正逍遥。

"与俗世处"就是做普通人。《庄子》里面记载了这么一个故事：庄子喜欢独来独往，自由逍遥。有一次楚王要请他出来做官，他就坚决不去，说，你让我做官，不是让我当一个祭祀品吗？表面上很好地供养在那儿，可实际上一点自由都没有。所以庄子宁愿做闲云野鹤，也不愿意去做官。

从《天下篇》的描述里，我们可以看到先秦道家的情况已经变得很复杂了，不是统一的，还可以看到老庄的思想也不是完全一样的。我们以前常常讲道家其实就是老庄思想，但是老庄思想虽然同为道家，但还是有很大差异的。

这是道家早期的三个派别。到了战国中期，已经酝酿出道家的另外一种发展趋势，就是把道家的思想跟传说中的黄帝的思想结合起来。

两汉黄老之学

　　黄帝——这个中国传说中的人物——在整个中国文化的发展中起了非常大的作用，所以后世造了黄帝陵纪念他。黄帝的思想先是跟墨家的思想结合在一起，后来又跟道家的思想结合在一起，然后又跟中医的思想结合在一起，产生了中国最重要的医学典籍——《黄帝内经》。黄帝对中国文化产生了很大的影响，其中跟道家结合是最重要、最有特色的。这个结合从战国中期就已经开始萌芽了，其结果是使道家的思想里面有了一个黄老之学。

　　这个时候出现了一批以黄帝的名义撰写的作品。一开始我们并不知道这些作品具体写的是什么，但随着考古的发现，这些文献开始慢慢为人所知。1973年，湖南马王堆出土了一批帛书，在帛书里面有两个版本的《老子》，我们称之为甲本、乙本。后面又附有一些文献，经过学者们考证，虽然称呼不太相同，但都是以黄帝的口气来谈论的，所以有人称它们为《黄帝四经》，或者《十大经》。马王堆出土的这批文献经过考证，大概就是战国初期一直到汉代出现的道家思想的总汇。到了汉代，黄老之学可以说是非常明确的一个学派的名称了，司马谈就是讲黄老之学的，汉初都讲黄老之学。

　　我们知道汉初有一个吕后，她也信奉黄老之学。可见，黄老之学是汉初最主流的一个学派，有人说它就是道家的政治学。实际上，对于道家的思想，它是有所发展的，它把无为和有为的思想结合起来，使无为变成一种非常积极的、向上的、进取的思想；另外，它把道家许多养生的思想跟治国的思想也结合了起来。

这个时期的黄老之学的主要代表作品有这样一些：首先是河上公的《老子注》。传说河上公是一个得道的高人，他的这本书在汉代是非常流行的，可以说是流传到现在的最经典的《老子》注本之一。

河上公认为，要用清静的方法来养生，同时他也强调，养生跟治国的方法是完全相通的。如果你用这个方法使自己的身体健康了，那么，你也可以用这个方法来治国，使国家健康，也就是说治身的道理完全可以运用到治国当中去。

这种思想实际上跟这一时期出现的《黄帝内经》有很多相似之处，所以在中国一直流传着这样的说法——治国的人实际上是一个医生，与给普通人治病的医生所扮演的角色是一样的，正所谓"上医治国，中医治人，下医治病"。

除了《老子注》之外，还有一本值得注意的书就是《淮南子》。《淮南子》成书于汉武帝时。汉武帝有一个叔叔叫刘安，被封为淮南王。淮南王网罗了大量的人才，门客如云。这些门客写了很多文章，发表自己的看法，最后集合起来就变成了这部《淮南子》。

《淮南子》是一部很混杂的书，有各种不同的观点，但是，它的主流还是黄老之学。它也对道家的自然无为的思想进行了诠释，使之成为一种积极有为的思想，而不只是消极等待的思想。

另外，那时有一个叫严遵的人写了一部书叫作《道德指归》，或者叫《道德经指归》，更多地从政治思想的角度来阐发老子的思想。可惜这部书只留下了一半，《道德经》有上下两篇，它只留下了德经这部分，没有道经。

还有王充，王充是东汉时的一个思想家。在他所处的那个历史时期，儒家思想应该说已经占据了主导地位。从汉武帝独尊儒术之后，汉代基本上是按照儒家的理念在治国。但王充却非常强调自然的思想，反对儒家老讲天命。因为那个时候儒家的天命思想已经开始走向绝对化，有一种向必然论、顺命论变化的趋势，王充就想用道家自然的思想来冲淡儒家必然的思想。当时很多人表示不同意，批判他不遵守儒家的教导。于是王充在他的《论衡》里明确声明，认为自己的这些说法虽然不符合儒家的说法，但是是符合道家自然之说的。

王充发展了道家自然的思想，强调天地万物是一种气的结合，所以他说"天地合气，物偶自生"。天地之气相结合，物就自然产生出来了，这就像"夫妻合气，子自生矣"一样，是自然而然的，没有什么神秘的东西在里面。

但是，王充的这个思想其实也蕴含着危险性，把偶然性强调到了极点的话，其结果同样会陷入一种宿命论。如果说什么都是偶然的，那么人们实际上还是没法掌握自己的命运，那不是和听天命一样吗？

王充的思想到后来南北朝佛教传入以后还有很大影响。那时，佛教因果报应的理论，在社会上引起很大争论，因为因果报应的理论如果片面理解的话，就很容易被看成是宿命论。当时一些反对佛教因果报应思想的思想家就利用王充的偶然论来进行批判。比较著名的人物是裴頠，他代表魏晋玄学里面主张"崇有"的一派，认为万物都是自生的。后来我们在思想史里常常把他强调成唯物主义思想家。

还有一个思想家叫范缜，他批判佛教因果报应的思想的时候也是用王充的偶然论，也就是自生的思想。他认为根本没有什么因果，人的命运完全是偶然的。有的人现在富贵，有的人现在贫贱，全是偶然。为什么呢？就像树上开了很多的花，忽然来了一阵风，就把这些花都刮起来了。有的花被刮到了铺着非常漂亮的褥子的床上去了，有的花就被吹到茅坑里去了。被吹到床褥上的就是富贵的人，而被吹到茅坑里的就是贫贱的人，就是这样偶然，没有什么道理可讲。这一思想是沿着王充的思想来的，但是结果就是人没法掌握自己的命运。

所以，片面强调必然性和片面强调偶然性，结果同样都是陷入宿命论。其实人要想真正掌握自己的命运，就要既认识到必然性也认识到偶然性。人的一生既有必然，也有偶然，是一个非常复杂的，必然和偶然交错的过程。

魏晋玄学

汉末以后，到了魏晋南北朝时期，道家思想又发生了一次变化。这个时期实际上主要是道家思想跟儒家思想结合，历史上称之为魏晋玄学时期。

汉代统治阶层本来一直是信奉黄老之学的，但是汉武帝以后，在整个制度层面，以儒家的伦理规范为整个社会的伦理规范，确定了儒家的正统地位，制度就按儒家的标准来制订了。比如，汉代选拔人才时很重要的一个途径就是所谓的荐举制度，由基层的居民区来推荐人才。根据什么标准来推荐呢？很明确的就是两条：孝、廉。孝就是对父母要孝顺，廉就是为人要清廉刚正，靠这两点来选拔人才。这本来没有什么错，但我们知道，任何一个制度都不是十全十美的，有些阴谋家为了得到推荐就造舆论，让大家知道他是孝廉。到东汉末年就出现了很多假孝廉、假道学，严重败坏了当时的社会风气。

另一方面，自从西汉确定了儒家作为正统以后，儒家的经学被提到正统的地位。特别是五经，被当作最主要的教材，国家还专门设立了五经博士，让大家天天去研究。这种研究走上了越来越脱离现实和烦琐的道路——为了解释五经里面的一个字，可能要写上一万字的论文来说明。到了汉末就出现了这样一种现象，为了精通这五部经，要从年轻的时候熬到垂垂老矣，这就叫皓首穷经。

一方面思想上脱离实际，一方面现实中出现了一大批假孝廉，同时儒家定下的有些礼仪规范、道德规范又不十分合理，束缚了人的本性。比如，要成为一个孝子有很多的条件，父母活着的时候不用说了，父母死了以后，还必须在坟边搭一个草棚住三年。在这个过程中你不能与人交往，不能跟夫人在一块儿，这个要求在很大程度上有点违背人性了。一些别有用心的人为了迎合这个规矩，干脆不在墓边上搭草棚子了，直接在墓道里面住三年。其实他在墓道里面花天酒地，无所不作，这也算孝子？

正是在这种情况下，整个社会对儒家产生了否定的看法。人们反思：为什么大家会这么虚伪？为什么大家会造假呢？就是因为这个礼教不合理，有违背人性的地方。礼教又被称为名教，因为礼教实际上就是规定每个人在其所处的位置上应该怎么做。比如君君臣臣父父子子，在臣这个位置你应该怎么做，在父这个位置你应该怎么做，等等。有许多规定是与人性相矛盾的。这个时候，大家就开始讨论人的才能和品性的关系是怎样的。是不是有才的人，他的品性也一定是好的？有人就举例反对这一点，说：你看汉高祖是怎么用人的？陈平盗嫂，陈平跟他的嫂子有关系，但是汉高祖不管这个，你有才能我就要用你，不还是用他当丞相吗？所以才能跟品德未必是相对应的。

在汉末魏初的时候，品评人物是一个非常普遍的现象。那个时候专门有一个名词叫作"月旦春秋"，即对一个人的评论是很重要的，跟评孝廉有相同的功效。如果大家评这个人道德高尚，那么他在社会上的地位就会发生很大的变化。

玄学的产生跟这样一种文化、社会背景有密切的关系。玄学最重视三部书，一部是《周易》，一部是《老子》，一部是《庄子》，后来称之为三玄。

《周易》是非常重要的，每个时期都在讨论它。这个时期玄学主要讨论的是破除汉代形成的象数之学。因为在汉代，《周易》发展最迅速的就是象数学，也就是卦象学。象数把卦象所代表的事物凝固化，比如说乾卦代表刚健的意思，它的一个代表物是什么呢？就是马，因为马是非常刚健的。坤卦的含义是柔顺，它的代表物就是牛，因为牛是比较温顺的。这样就把卦和具体的东西刻板地一一对应起来了。

玄学首先就要破除这种固定的联系，乾卦代表刚健，所有刚健的东西都可以代表乾，何必一定是马？坤卦的含义是柔顺，一切柔顺的东西都可以以坤卦表示，何必一定是牛？进一步来说，玄学特别强调卦里包含的意义，强调要去体会它所蕴含的思想，然后运用到生活中去。中国后来的艺术样式的一个首要特征是什么？就是重视"意"！一件艺术作品，我们常常强调它的意境，而不强调它的形式，是不是？宋代著名的文学家苏轼讲过这样一句话："论画以形似，见与儿童邻。"意思就是，一个人如果在评论一幅画的好坏时，只去看画中的人像不像，鸟像不像，花像不像，那么他的见识就跟儿童一样。与苏轼同时期的欧阳修评画的时候也讲："古画画意不画形。"不光是画，在创作和评价诗词歌赋时都是这个标准。

魏晋玄学就是在批评这个刻板的象的基础上发展起来的。王弼提出了一个非常重要的命题，叫作"得意忘象"，或者说"得意忘言"。

《周易》里面每一卦，可以说都是由三个方面组成的。首先是卦象、爻象，这叫作象；每个卦下面有卦辞，每一爻下面又有爻辞；卦象也好，卦辞也好，都蕴含着一种内在的意义，这就是意的层次。《周易》的每个卦、每个爻，都有象、言、意这三个层次。王弼认为，最重要的是要把握意这个层次。

他认为，虽然意是从言那里来的，言又是从象那里来的，但是不能停留在言、象上，而必须把握意，这样才能真正把握它的精神。

这种"得意忘言、得意忘象"的思想是魏晋玄学在周易学上对后世影响最大的一点。它是整个中国文化的特征，是整个中国思维方式的精髓之所在。

除了这一点，玄学家提出的另外一点也特别重要，叫"物无妄然，必有其理"。任何一个事物都有它内在的道理。这个道理是什么呢？就是玄学家非常强调的自然，合乎自然就合乎理。我们常常讲"自然合理"，如果我们所做的事情是自然合理的，那就应该这么做。中国人论证事物合理不合理，就是论证它合不合乎自然。凡是自然的必定是合理的。比如，你办一家企业，需要制订一些制度。怎么来判定这些制度是否合理呢？就要论证它们是不是符合企业发展所必须遵守的自然之理，是不是符合每个人切身的自然需要，如果是合乎自然的，那就是合理的。

这种思想还影响到后来的宋明理学。宋明理学家提出天理和良心，我们知道它们都是表示自然的。天理就是自然之理，良心就是自然之心。宋明理学家讲三纲五常就是天理，他们不说三纲五常是人制订出来的，而说它是符合天理的，当然就是合理的。

玄学家对道家思想发展的贡献，就是把从先秦开始形成的道德和仁义的对立，以及后来形成的名教和人的本性的对立消解掉，使它们和谐起来。

在这个过程中，玄学家强调应该以人的天然本性为根本，然后再用仁义名教去规范。制订仁义名教必须符合人的自然本性，而且要顺着人的本性去发展。所以，玄学家非常明确地提出了他们的一种思路，就是以道为本，以儒为用。

玄学家提出本用这样一种思想，实际上就是想把人性和名教这两者调和起来。在这一点上，玄学有两个基本的方法：一个办法是在三国时期提出的，当时著名的玄学家何晏和王弼认为，制订名教必须根据人的自然本性。什么叫人的自然本性呢？比如说对于孝而言，应该启发人们内心对于父母生养的感恩之情，然后根据这个来要求他，而不是脱离这个来强迫他。所以，玄学家所讲的孝就是以自然亲爱为孝，而不是外加很多东西，这样的话就不会发生矛盾了。

还有一个解决办法是西晋的时候另外一位玄学家郭象提出来的。他说，人之所以需要名教，是因为人的本性中有这种要求。制订名教就是因为圣人发现了人的这种本性上的要求，于是就通过规定去满足他。

郭象举了一个例子。在《庄子》里面，庄子非常强调遵循事物的自然本性，任何的束缚他都反对。庄子认为仁义就像在人的脸上刻字一样，要知道那个时候只有犯人才被刻字，庄子的这种说法实际上就是强调仁义完全是伤害人的东西，是不符合人的本性的。《庄子》里面有一篇讲到牛和马，说："牛马四足，是谓天。"牛和马放开四条腿到处跑这是本性天然；"落马首，穿牛鼻，是谓人"，现在给马套上一个笼头，在牛鼻子上穿上环拉着走，这都是人干的，违背了牛、马的本性。要恢复牛、马的本性就应该去掉马的笼头，去掉穿牛鼻子的环。郭象在注这一段的时候就把庄子的意思变了。他说"落马首，穿牛鼻"实际上也顺应了牛、马的本性——哪有穿马鼻，落牛首的？没有！所以穿牛鼻、落马首也是顺应了牛、马的本性。

在这里我们可以看到，玄学家不管用哪一种解释，都是调和名教和人的自然本性的关系，这种调和应该说在社会的实际生活中是有合理之处的。因为顺着本性任意去做，社会肯定要乱的。每个人都顺着自己本性了，社会还能不乱？而完全压抑人性的做法也是不行的。所以，制订制度的时候一定要顺应人原来的本性，让大家感觉到就应该这样，这才是符合本性的，这个矛盾就可以解决了。魏晋玄学家们实际上就是在作这一方面的努力。

其实，这种调和的努力从先秦以来，各家学派都在作，但是有的时候这个矛盾突出了，有的时候那个偏向突出了，就要经常进行调整。讲儒家的时候我曾经讲过，荀子提出来"礼以顺人心为本"，实际上说的就是这个问题。礼必须以顺人心为根本，时代变化了，礼也应该随着时代变化而调整。

人性和名教的关系问题可以说在历史上一直不断地出现，现在也有。实际上，我认为现在社会存在的最大问题就是没有把两者的关系调整好。我们既要尊重人的个性，尊重人的自然的需求、欲望，又要符合社会整体利益的要求，就必须有一定的社会伦常的规范来加以限制；而遵守伦常规范又不能让人感觉是对其自然本性的一种束缚、压制和摧残。这个工作我们现在做得还远远不够。

我觉得只有调整好人的自然本性跟社会的伦常规范的要求，既能从理论上说清楚，又能让大家发自内心地接受，这个社会才能稳定。从这个角度来说，玄学对于道家思想的发展是有一定积极作用的。道家思想的黄老之学、无为而治在政治的治理方面发挥了很大的作用，而玄学在调整人和社会的关系上，也作出了很好的探索。

汉末道教

汉末时出现了道教。道教是以老子的《道德经》为理论依据的一个教派，后来道家的思想就跟道教掺和在一起，并在道教中得到了延伸和发展。另外，对道家的思想也一直有专门的研究，所以二者就并行了。

在汉末以后的中国文化发展过程中，道教在某种程度上成了道家的一个代言人。儒、释、道三教中的道，有的时候单称道家，有时候又包括道教在内，这个问题在学术界也有争论。有的说要严格区分道教和道家，有的觉得发展到后来很难区分，主张采取一种模糊的处理办法。道士们讲的老子的《道德经》或者庄子的《南华真经》，我们不能完全说是一种道教，因为有的是纯粹从理论上来探讨的。而后人研究老子也好、庄子也好，有的加入了很多道教的修炼的东西，我们也不能说它们纯粹就是研究道家思想的作品。所以，南北朝以后，很多道教或道家的著作和人物，都需要作个案的具体分析，来说明它们究竟是属于道家还是道教。

在历史上道教也有很多的派别，流传到现在的道教主要是两大派，南方的正一教和北方的全真教。当然，江西龙虎山还有天师教，张天师的传人在那儿。

另外，道教从法门来讲分三大派，一种是内丹派，主要是修养心性。它在宋代有很大的发展，内丹派吸收了儒家、佛教和道家本身的修身方法，主要是通过内心的修养、道德的提升，来求得身心的完全健康。有的偏重于道德修养，有的偏重于自身内气的修炼，跟我们现在的气功有相同的地方，主要讲气、精、神，通过练气来化精，通过练精来化神，最后归于虚无。

还有一派是外丹派，外丹派的主要修炼方式是炼丹，因此也叫作丹鼎派。过去主要是炼汞，其实不光是这个，魏晋时有炼各种各样的药物和矿物的，他们想通过服食丹药来寻求身心的健康和长生不老。外丹的研究促进了中国古代科学，特别是化学的发展。但是外丹的修炼带来的副作用是比较大的，历史上许多的统治者都想长生不老，但服食丹药后反而短命，明代有很多皇帝就是服食丹药而死的。我个人认为，修炼外丹不如修炼内丹。

再有一派就是符箓派，就是用画符来驱鬼辟邪。

现在修炼外丹比较少了，主要是修炼内丹。另外，在道观里面这个符箓是免不了的。因为道教是在中国本土产生并发展起来的，所以在以《道德经》作为其指导思想之前，它就已经吸纳了中国古代民间的许多方术，也包括巫术，所以现在道教里面还存在着相当庞杂的神仙体系和各种各样的方术。

一般来讲，正规的佛教是不允许看相算命的，但是道教却有很多看相算命的方法，而且把所有民间的信仰都包纳进去了。土地爷进去了，关公进去了，妈祖也进去了，很庞杂。现在在大陆道教看来不怎么兴盛，但是在台湾地区，道教的信徒往往超过了其他宗教，因为所有的民间信仰都在道教里面。

因为道家思想被道教吸收，而道教好像又以道家思想传承的这样一个形式出现于世，所以后来道家思想的发展脉络显得不像儒家或者佛教那么清晰。这就是我想说的，道家思想在中国传统文化中比较特别的地方。

道教和道家的关系，我主张不要混为一谈，但是也不要把它们彻底割裂开，因为它们已经纠缠在一起了。

玄之又玄，众妙之门

道法自然

下面我想讲讲道家的主要思想，首先讲道家自然无为的思想。最早提出这个思想的当然就是老子。老子的思想里讲到道法自然，"人法地、地法天、天法道、道法自然"；另外又讲到道常无为。道法自然和道常无为可以看作是道家思想最核心的东西。那么自然无为究竟应该怎样来理解呢？

有的时候，人们会把自然看成是道的代名词，道就是自然，自然也就是道。但我想这不是一个简单的名词相同的问题。道实际上的含义是什么？道的含义是自然，没错。但这个自然不是指自然界，而是指"自然而然"，也就是整个宇宙，或者说是天地万物的一个根本的特性，指它的本来面貌。同时，这种整个宇宙或者整个天地万物的本然状态，又是通过每一个具体的事物体现出来的。它是一个包括了宇宙万物的整体和宇宙万物中每一个具体事物的共同的状态。

我们讲整个宇宙万物的本然状态，就具体体现在每一个具体事物的本然状态里。所以，这个道不是一个凌驾于天地万物之上的东西，也不是在天地万物之外的东西，而是天地万物自身包含的一种状态。

现在很多人在讲道，或者讲自然的时候，都把它看成是生成万物的最后一个根源，我觉得这个说法有问题。虽然老子《道德经》里有"道生一，一生二，二生三，三生万物"的描述，但事实是，离开了万物，就没有道，道就在万物之中，也就是老子讲的"天得一以清，地得一以宁"的这个"一"。

天得道就表现为"清"，地得道就为"宁"。清也好，宁也好，都是道的表现，离开了清和宁就没有这个道，并不是说在清和宁之上有一个道产生了天和地。老子非常强调道随万物，万物是在它们的自然本性中体现出道的存在的意义的。

道常无为

既然要遵循整个天地万物的这样一种自然状态，那么表现出来的特点又是什么呢？很简单，就是"生而不有，为而不恃，长而不宰"。就是说万物在那儿生长，但是你不据为己有；你可以做很多事，但是你并不认为自己就有多了不起；万物在那儿生长，你也不去主宰它。这样的状态就是一种无为的状态。有人把无为理解成什么都不要做，在那儿等就成了。实际上这种理解有问题，《老子》里面就有这样一句话，叫作"辅万物之自然而不敢为"。粗看之下，以为是尊重万物自然而不敢为之了。但是我们不要忘了，辅，是辅助的意思，不是不让你有所作为。但是要辅的是什么呢？万物之自然。不是让你不为，而是让你不要以自己的意志来改变它。这个"为"是以自己的意愿改变它的意思，所以这句话的意思是要去辅助万物，就是要随万物之本性而因势利导。无为的正确理解应该就是这样，老子其实也讲得很清楚。

我认为这一思想跟儒家的思想，不是根本对立的。儒家也强调天、地、人，说"天有其时，地有其才，人有其治"。所以天地万物，人也是要参与进去的。怎么参与进去？"赞天地之化育"！赞也是辅助的意思，我们现在也常常讲赞助，对不对？儒家并不是要你以主观意愿去改变自然，而是要赞天地之化育，参与到天地中去，辅助天地。

中国人始终把大禹治水看成是最好的无为而治^的型，就是因为他能够因势利导。水是往下流的，要治灾，就要疏通河道，让水按照它的本性流出来，就不会成水灾了。如果违背了水的自然属性，你要流我不让你流，水高一尺，我就把堤岸、河坝筑高一尺，这样下去能解决问题吗？总有一天水会把堤坝冲毁。因为你违背了水性，想堵住它，不让它流动，这怎么可以呢？所以因势利导是无为而治，或者是自然无为的最根本的一个观念。

我刚才讲到的汉代的黄老之学，政治上就强调无为而治，它的意思是什么？难道汉代之前的皇帝，从汉高祖到汉武帝都无所作为吗？不是这样的。汉代刚建立之时，战乱刚息，民生凋敝，这时百姓的自然本性是什么？是需要空间来喘口气，在一个较为自由的环境中恢复生产。所以汉初采取了无为的办法，法律简约。《史记》里面记载，萧何进长安的时候只是约法三章。这样一来，社会很快就恢复了元气。

无为而治的思想还强调要充分发挥各级官吏的主动性和积极性，这实际上是法家的一种思想。法家思想是道家思想在理论上的必然发展。法家从道家道法自然的思想演变出的一遵于法、一断于法，这是完全符合道家思想的逻辑的。

这个观点不是我讲的，是司马迁的父亲司马谈讲的，一断于法，即一切要以法为标准。道家呢？道法自然，一遵于自然。这从思维方式来讲是完全相同的，可见道家对于法家这种理念的形成有直接的影响。

我们再看《史记》。《史记》里面司马迁写列传的时候把哪些人物放在一起——老庄申韩列传。申韩是谁？申是申不害，韩是韩非，他们都是法家的代表人物，结果跟老庄列在一起成为一个传。显然，在司马迁看来，老庄和申韩是有关系的，因为他写这个传是有分类的，有关系的才能放在一块儿。其实汉初的人很清楚，老庄申韩是有内在沟通的。

法家强调一断于法，那么，掌握什么东西就行了呢？赏罚。法就是好的就赏，坏的就罚。一切凭赏罚，君主不必什么事情都做，可以让臣下做，臣下做得好就赏他，做得不好就罚他。法家提倡"君道无为，臣道有为"。汉代也是强调这个，"主道无为，臣道有为"。

有一个成语叫作"萧规曹随"，讲的是什么故事呢？我们知道汉代有两个非常著名的宰相，一个叫萧何，看过戏的都知道"萧何月下追韩信"的故事，"萧"就是指的萧何。曹是谁？曹参，也是一个非常著名的宰相。萧何去世以后，曹参继任宰相，他整天待在家里什么事都不干，人家说你这个宰相当得好轻松，什么事都不干。他说萧何已经定好了很多法律，我干吗还做啊？我把它们履行好就行了，这就是"萧规曹随"的来源。

"君道无为，臣道有为"是非常高明的管理思想。如果一个君主，什么事情都要自己亲自过问的话，就算是累死恐怕也做不好；反过来，如果发动所有的臣下去做，君主就掌握赏罚权，来验收、鉴定，确定是赏还是罚，那就可以很轻松地把事情管得很好。而底下做事的人也会兢兢业业地做好工作。如果君主事必躬亲，臣下什么事都要请示汇报，那么他们的主动性、积极性都不可能得到发挥。而且做事小心翼翼，不能大胆地、充分地去做，那还有什么效率？有什么创造呢？

从道家的"无为而治"到法家的"君道无为，臣道有为"，我觉得是一个非常重要的变化。正因为如此，我们可以看到，现在美国的一个智囊团——贝尔实验室，门庭上就挂着"无为"二字，而且作了一个注释，就是说要让被领导人在你的领导下没有感觉到被领导。这就是无为而治这一思想在实际中的应用。

我刚才提到《淮南子》，《淮南子》里面特别发挥了这个思想。很多人听到无为而治，就以为是什么都不做，那就完全错了。所谓无为而治是指私志不得入公道，也就是不能把你自己主观的愿望加到事实上面去。公道，就是一种大形势或者事情发展的一种趋势。你还是要去做，而且还要积极去做，这个做是积极地引导，因势利导，这才是老子讲的无为而无不为，用这个"无为"才能把事情做好。

反者道之动，弱者道之用

还有一点需要注意的是，道家的无为思想里面，因为要因势利导，所以特别注意事物形式的变化和其所处环境的变化。

韩非在《解老篇》、司马谈在《论六家之要旨》中都非常突出地讲到，道家思想的特征就是"柔弱随时"。什么叫做柔弱随时？时就是指时间，所谓的时间就是一个环境，对不对？道家的这种自然无为就应该是随着环境的变化、形式的变化而变化。司马谈讲道家的特点是"时变是守"，就是说时间变了，情况一变，我们也应该跟着变。道家的这种思想也影响了法家，法家思想中也有很多变革的思想，非常强调情况变化了，也要跟着变化，不能因循守旧。

老子也讲到"动善时"，这个"动"牵涉到老子讲的另外一种思想，就是"反者道之动，弱者道之用"。这是道家思想的精髓！

"反者道之动"，道的变化是什么呢？就是往相反的方向转换，就是我们常讲的物极必反。《周易》里面也有"否极泰来"的说法，否极泰来就是物极必反。乾卦中九五是至尊，上九就是亢龙有悔，到了顶点就转向反面了。你倒霉到头了，就该顺利了。"反"是道的根本特征。

道家的"动"也指相反相成。互相对立的两个东西，实际上是谁也离不开谁，是互相依赖的。有了这个才有那个，像我们讲的美和丑，有丑才有美，没有丑哪来的美？相反的东西是相成的啊！

但相反相成不能脱离条件来讲，这个东西跟那个东西完全不搭界，它们就无所谓相反了。相反相成一定是在一定的条件下面，互相对立的两个事物联系在一起了，才有相反的问题，还是有"时"在其中的！

我们过去学辩证法的时候，常常讲到辩证法活的灵魂，就是一切都以时间、地点、条件为转移。我认为在中国传统中，不管是道家还是儒家，都有这种朴素的辩证法在里面。

儒家也强调"时"的问题，不能违背时而行动，违背时而行动肯定是处处碰壁的，只有顺时而动才能获得成功。道家也强调，要想做好一件事情，不能只凭主观的愿望，脱离了环境、条件，甚至于脱离了人们的心理状态，那都是做不好的。

可以说，"时"是中国传统文化里非常核心的、非常重要的一个概念，也可以说是辩证法里的一个重要概念。

弱者道之用呢？弱是柔弱的意思。道家是非常强调柔弱胜刚强的，以弱治刚，或者以退为进，为什么要这样呢？

我认为，道家产生这一思想是非常直观的，我也不希望提到非常高的抽象高度上来讲。怎么个直观法？我们来看老子为我们举的例子——一根树枝。他说，如果是一根新生的树枝就很柔软，就有韧性，不容易被折断。可是一根长得非常结实的树枝，一折就断了，所以木强则折。而柔弱的东西怎么折也没有关系，柔能胜刚。还有一个例子就是水。水是很柔弱的，但是它能渗透到大地中去，它无所不在，甚至可以到任何地方去。

老子说的"弱者道之用"，我们很多人需要体会。现在很多人缺乏弱劲，都想显示自己怎么强大、怎么了不起，结果常常碰得头破血流，事情也做不成。弱有时也是一种宽容、一种虚怀若谷的表现。

弱绝不是故意做作出来的弱，我们常常看到很多道家著作里面讲示弱，好像是做给别人看的。不是！恰恰是要你谦虚。老子讲了很多弱的表现，如不争、处下等。老子为什么要讲处下？越是下，越是基础。老子讲的高以下为基础，你要高，基础不好怎么高？一个人越是谦虚、处下，基础打得就越结实，就越可以建造更高的东西。

柔的特性是弱，表现出来是弱，但是内心实际上是最坚强的，是有柔性、有韧性的。韧性是什么意思？就是说可以适应各种不同的环境，有一种坚韧不拔的意义。

权与术

上面讲了，老子要求处处示弱，要谦卑，要处下，这并不是他无力的表现，或者无能的表现，可以说是"退一步，进两步"的思想。他这样讲："将欲夺之必先予之。"你要夺他的东西就要先给他。这个看怎么理解了，有人理解就是耍阴谋，所以老子的思想常常被看成是权术，就是君主南面之术。但如果我们正确地理解，就是刚才我讲的，退一步可以进两步，也就是你要获得真正的成功，并不表现在你一时的强大上，这里面有没有术呢？有术。

权术这个词，现在我们常常从贬义方面加以理解，其实它原来是很正面的意思。权术强调的是权，权是什么意思？是变通。中国古代讲权是相对经来讲的，经是什么意思？经是常的意思，"经常"这个词我们现在用得还很多。我们既要把握"经常"，又要把握"权变"，用现在的话来讲，就是既要有原则又要灵活。光有原则没有灵活行吗？不行！光有灵活没有原则也不行！要把这两者结合好。

有之以为利，无之以为用

道家思想对中国文化的影响是多方面的。比如说，对生活态度方面的影响。我们常常讲中国历史上有儒、释、道三教，儒家是入世的，佛教是出世的，那么道家是什么呢？是遁世的。遁是躲避的意思，学道的人给人的印象常常是到深山老林里面去让自己延年益寿、长生不老，甚至得道成仙，而回避世间的种种矛盾。

对于佛教，其实大家看得很清楚，虽然说出世，其实是积极入世的，是以出世之心做入世之事。它是形式上的出世，本质上的入世。而道家确实有遁世的问题，很多学道之人是有躲避现实的行为。但是另一方面，如果我们正确领会了自然无为的思想，那对我们调整社会关系和个人身心都有非常积极的意义。特别是道家给我们的一种旷达的精神，中国人都是非常旷达的。什么叫旷达？就是很多事情看得开，放得下。

很多文化上的东西，积极和消极，好和坏是经常联系在一起的。你从这个方面理解，从这个方面去实践，可能就是非常积极的；你从那个方面理解，那样去实践，可能就是完全消极的。这实际上是我们从哪一个角度观察的问题。

在政治管理方面，道家有正反两方面的影响。我刚才讲的无为而治，如果运用得好，就是充分发挥每个人的主动性、能动性、创造性和积极性的一种优秀的管理思维方式；如果应用得不好，那就可能变为一种很消极的、无所作为的思想依据；再应用不好，甚至会变为一种权术，这是从贬义上来讲的，或者是一种阴谋。

老子的思想发展到后来就有这种趋势，比如兵家就应用了很多道家的思想。《孙子兵法》中的很多东西都可以从道家那里找到源头。兵家就是要以奇治兵，要求讲究一些策略，利用一些手段去蒙骗对方，让对方陷入看不清真实情况的境地，这样就可以出奇制胜了。这里面是有耍阴谋搞诡计的东西，但是用在什么地方我们可以看得很清楚。老子讲得也很清楚，"以正治国"，治国要正；"以奇用兵"，兵是用在争斗中的，而且是用在敌对双方的争斗中。如果你把"奇"用到治国上，就变成了君主南面之术了，搞这些东西，那是不行的。

道家对中国文化的影响还表现在对中医发展的影响上。可以说，中医在很大程度上是从道家自然养生、清心寡欲的基础上发展起来的，后来又进一步吸收了儒家的思想，把人的道德修养也纳入到养生治病的范畴之中，再后来又把佛教治心的思想也吸收进去了，这就形成了中国的中医学说。

中医是博大精深的。其实通过中医理论，我们可以真正比较全面地体会到中国传统文化中一些最根本的东西，一些最精要的东西。我常常劝人读点中医著作，了解中医的基本理论，这样对中国文化也有一个把握。现在很多人认为中医理论是不科学的，没有科学的依据，是不是这个样子呢？事实上，如果按照反者道之动的规律来看的话，西医现在反而回到了最自然的方法上去了，更多地应用自然治疗的手段。而自然治疗的手段或者理论，世界上没有能超过中医的。

中医的自然治疗的理论基础在哪儿？首先是道家，然后是儒家，最后是佛教。这个问题我会在最后一篇中着重来谈，谈中医跟中国传统文化的关系问题。

第六篇

佛教与中国文化

佛教发源于古印度，自汉末历魏晋南北朝三百余年间，佛教逐渐兴盛，在与中国传统文化的磨合中，佛教在形式和理念上都发生了很多变化，变得更加本土化。佛教注重人性的净化，提倡内省，反求诸己，这和中国文化的向内精神正好契合，使得佛教得以在中国延续流传了两千多年，并对中国的语言、文学、民众的精神生活，甚至是儒教和道教产生了较大的影响。

起源：佛教的真实面貌

三业八苦

本篇要讲的是关于佛教与中国传统文化关系的问题。佛教虽然是一种外来文化，但它对中国文化有着极大的影响。有学者曾经讲过，如果没有佛教文化的传入，中国的文化可能就不是现在这个样子了。

首先简单回顾一下佛教的创立、发展和它的一些主要教义和理论。

佛教创立于公元前6世纪的古印度，它的创始人是释迦牟尼。释迦牟尼大约生活在公元前566年到公元前486年，跟孔子差不多同时。他创立的佛教主要是针对当时印度占主导地位的一些宗教和学术。

我们知道，印度最古老的本土宗教是婆罗门教。但到了公元前6世纪的时候，婆罗门教自身出现了很多问题，于是印度就出现了一股思潮，对婆罗门教的教义和一些修行方式提出疑问，这股思潮里最有代表性的就是佛教。

婆罗门教强调天地万物都是从梵，或者说是从大梵天里流转出来的，每个生命就是大梵天的一部分，最终它还是要回归到梵天中去，跟梵天合一，即达到所谓的梵我合一。佛教认为，这种对生命、万物的解释是不正确的。同时，佛教也反对认为一切事物都是没有什么原因，突然而有的无因论。它提出了一种全新的因果理论来说明万物的成因，特别是生命体的成因。

这种因果理论又叫作缘起理论，最简单的表述就是"此生故彼生，此有故彼有"。此生故彼生讲的是时间关系，此有故彼有讲的是空间关系。在佛教看来，所有事物在时空中都是联系在一起的，都是相互影响，有因有果的；或者因为在时间上有前面的原因，或者因为在空间上有周围的原因，才产生现在的结果。而在这些原因里面，最主要的因就是事物自身，也就是佛教所说的业力。

佛教认为，一个生命体有三业，分别为身、口、意。身就是指我们的行为，口就是指我们的言论，意就是指我们的思想、观念。每个人都是通过自己的身、口、意来种下一个因，这个因就叫作业。有了这个因，条件成熟了，这个因就会变成果。好比有一颗种子，在遇到合适的气温、湿度、土壤的情况下，就会发芽生长，开花结果。缘起因果论也是这样，这个因就是你自己，配合其他许多辅助条件，这个因就会结出相应的果。

释迦牟尼观察到在业力的支配下，人生充满了痛苦，除了我们熟知的生、老、病、死四种痛苦以外，还有爱别离苦。相爱的人总是免不了分离啊，对不对？分离苦不苦？苦！还有怨憎会苦，不是冤家不聚头啊，苦不苦？苦！还有求不得苦，想得到什么但得不到，苦不苦？苦！

最后还有五蕴炽盛苦，什么叫五蕴炽盛呢？佛教认为一切生命体都是由色、受、想、行、识五个方面聚集而成，这就是五蕴。色就是指肉体方面的、物质性的一些东西，受、想、行、识是指生命体的感觉、思想等精神领域里的东西。

这五蕴不管是色身也好，还是感觉、精神方面，都有自己的一种欲求。这种欲求如果无限发展，往往得不到满足，得不到满足，就会有很多烦恼产生，苦不苦啊？苦！所以佛教常常讲，一个有形生命体充满了苦或者烦恼，集中起来就是这八个方面。

无明与空性

这八个方面的苦是怎么来的呢？具体地讲，就来源于个人的贪欲、嗔心和愚痴，即所谓的贪、嗔、痴三种心。佛教也把它们叫作三毒，一切的苦都来源于这三种心。

人怎么会有这三种心呢？佛教又分析了，这都是来源于你的颠倒妄想，就是你没有认清楚现象世界的真实面貌，而被现象世界迷住了。于是就贪恋、执着于并不真实的现象世界，产生了种种的分别心；有了分别心以后，又对事物产生了好恶喜怒，于是就有了执着心；有了执着心，就会产生渴求、追求，乃至于求之不得的烦恼了。

人就是这样，由于自己的颠倒妄想，就不得不忍受各种各样虚妄的痛苦。用佛教的话讲就是无明，无明也就是愚痴。

那么，怎样才能从无明中解脱出来呢？佛教认为，最根本的办法就是要纠正人的颠倒妄想，使之具备一种正确的认识。

这种正确的认识就是让人明白，这个现象世界其实是由种种的因缘聚合而成的，因此并不具有真实性。如果说一个事物是真实的话，那么它一定有恒常性和独立的主体性。既然现象世界是由各种因缘聚合而成的，那就没有独立的主体性，也没有恒常性。一切都是因缘聚了就有了，因缘散了就没有了，换句话说，它是无常的。

无常就是说一切现象世界都是刹那生灭的。刹那是梵语里面表示最短时间单位的一个词，所谓刹那生灭就是指很短暂的过程。再回来看，一切的事情、一切的现象世界其实都是在不断的刹那生灭的过程中轮回。

当然，刹那也是相对的。比如人的一生，有的人活了很短的时间，我们说他短命；有的人活了很长的时间，我们说这个人很长寿，这是跟人自身来比的。如果跟整个的人类历史来比，或者跟整个地球的历史来比，再扩大一些，跟整个宇宙来比，我们的100岁不就是一刹那的事情吗？

所以，现象世界是没有恒常性的。现象世界中的一切事物，没有一个是不死的，都有生老病死、成住坏空的过程。

还有，既然一切事物都是因缘聚合而成的，那么对于某个事物来讲，无非就是这些因缘而已，并不具备独立的主体性，用佛教的话说就叫作无我。

一切现象世界真实的面貌就是无常和无我，这就是佛教讲的：不真、无常、无我。

"不真"是什么意思呢？就是佛教讲的"空"。"空"这个概念是在不真实的意义上来讲的，但也不是把现象世界的这种暂存的状态或者我们叫作虚幻的状态给彻底地否定掉。特别是大乘佛教发展起来以后，就强调在讲"空"的时候不能离开它所对应的那个现象的"有"来讲，讲现象的"有"也不能脱离了其本质的"空"。现象的假"有"跟它本性的真"空"是联系在一起的，既不能用本性的真"空"来否定现象的假"有"，也不能用现象的假"有"来否定它本性的真"空"。如果只讲本性的"空"而不讲现象的"有"，这是一种偏执，反过来只讲现象的"有"不讲本性的"空"，也是一种偏执。

大乘佛教就强调，缘起应该是一种中道的缘起，既看到现象的幻有的这一面，也要看到本来的性空这一面。这样的认识，才是一种正确的认识，才能够把原来的颠倒妄想给纠正过来。

总之，佛教的人生观或者生命观用一个字就可以概括，那就是"苦"，一切皆苦。怎么样来解决这个苦的问题呢？就要认识到"空"，"空"也可以说是佛教的一种宇宙观、认识论；只有有了这种认识，才能不被现象世界迷惑，才能够从现象世界中解脱出来。这是佛教最基本的教义和理论。

解脱之道

佛教教义和理论的形成有一个历史的过程。在释迦牟尼最初建立起来的佛教中，怎样才算是解脱了生死呢？

最初是从"破除我执"入手的，就是说我之所以有现在这些烦恼、痛苦，就是因为我对外物有所执着。我把自己跟一切现象世界的东西分别开来，有我的追求，我想得到这个，想得到那个，可是这些东西常常给我带来更大的烦恼和痛苦。

"我执"不仅仅是一种物质上的追求，还包括精神层面的追求。我比你聪明，我比你有更多的知识，佛教里面就叫做"我慢"。我慢也会带来很多烦恼，为什么？你不虚心了嘛。

释迦牟尼最初教导我们要破除这种"我执"。如果你能够克制自己的种种欲望，进而不再去贪恋现象世界的东西，那么你就是得道了，就证到了罗汉。罗汉是离欲后的一种果位。

显然，这个法门是从人自身入手的，让人从主观上不要去贪恋现象世界，从而消灭烦恼。至于现象世界本身是不是也是空的？在早期的佛教里面并没有展开，甚至于还有很多的不同意见。到公元1世纪，发展到大乘佛教的时候，就把这个问题也解决了。

大乘佛教认为，现象世界本身也是因缘所生之法，既然是因缘所生之法，当然也是虚幻不实的。

大乘佛教的代表性经典之一是《金刚经》。《金刚经》教导我们，要认清楚现象世界的实相。实相其实就是无相、空相。但是，我们每个人生活在现象世界中，总会接触到许许多多的现象，那么应该怎样去处理这些相呢？《金刚经》就提出一个方法，叫作"应无所住而生其心"，相来了我们就应对，相去了我们就放下，这就叫"无住"，即不能够停留在相上。

《金刚经》最后提出一个偈子，叫"一切有为法，如梦幻泡影，如雾亦如电，应作如是观"。一切现象世界都像梦幻泡影一样虚假、不实，并没有一个真实的存在，这就是无我。同时，这些现象如雾亦如电，很快就会消逝，好比闪电一闪而过；又好比晨雾，太阳一出来就消散了，这就是无常。无我和无常的现象世界，不就是空的吗？大乘佛教强调不仅我是空的，而且法也是空的。

总的来说，空是佛教破除一切分别、执着的最基础理论，也是最主要的思想。把握了这一点，也就把握了佛教的根本。

冲突："水土不服"的佛教教义

金人托梦，白马驮经

现在，对于佛教传入中国的时间有许多不同的说法。有的说得非常早，认为是在春秋战国时期，但在一般的佛教史上，比较多的都认为是在东汉明帝的时候。

根据历史的记载，有一天晚上明帝做了个梦，梦见在西方有一个金色的人。第二天他起来，就问大臣们这个梦是怎么回事。一个臣子就告诉他，听说西方有佛，您一定是梦见佛了。明帝一听，西方的佛来托梦了，就立刻派了两个使臣到西方去迎请佛。后来，这两个使臣就带了两个西域的僧人回来，同时用白马驮经，带回来一批佛教典籍。明帝就在洛阳建了个白马寺来供养这两位请来的僧人。

这里解释一下，为什么佛教的寺庙叫作"寺"。这其实是沿用了中国古代的一个官制。中国古代有六卿掌管六个部门，专门接待外事外宾的官吏叫作鸿胪寺卿，安置外宾的地方就叫鸿胪寺。当时西域僧人用白马驮来了经文以后，大家就想要怎么来安置这些外宾。好像老住在鸿胪寺里面也不是个办法，就给他们盖了白马寺。这个"寺"字就沿用了鸿胪寺的寺，以后佛教的庙宇就都被称为"寺"了。

在佛教刚传入中国的时候，人们是把它当作跟本土的黄老道家和一般的神仙方术一样来看待的。我们在史书上可以看到，当时在一些贵族家里就同时侍奉着黄老和浮屠，浮屠就是佛了。

也可以看到这样一些记载，有许多从西域来的僧人都有很多神通，比如说入火不焚、入水不溺，就是走到火里面去，火烧不着他；走到水里面去，水淹不死他；有的还能够飞起来；等等。当时的中国人就觉得这些跟神仙方术差不多，最初就是这样一种认识。

那个时候，信仰佛教的主要还是在外来的商人或者使节这样一个圈子里，还没有听说有中国人出家去信仰佛教的事情。

出家与孝道

渐渐地，佛教传播得越来越广，影响也越来越大。特别是一些初步的佛教经典被翻译过来后，中国人就发现佛教跟中国的本土文化有许多不相吻合的地方，这就开始有了冲突。

这种冲突大概来自两个方面，一个是在一些具体的习俗、礼仪方面的矛盾。比如说，佛教要求你出家，一是要改变你的服饰，再一个要剃掉你的头发，这跟中国的传统习俗就有很大的冲突。

按照中国的习俗，衣服代表等级，是不能随便改的。

而头发尤其不能够随随便便剃掉，《孝经》里面讲："身体发肤受之父母，不敢毁伤。"身体发肤都是父母给我们的，怎么能够随便地剃掉呢？这是绝对不行的，于是就有了很深的冲突。

还有礼仪上的冲突。中国非常强调跪拜，对君主要跪拜，对亲属也要跪拜。可是按照佛教的做法，出家了就不应该再遵守这些世俗的礼节了。甚至于出了家就意味着是佛和法的代表，父母反而应该对出家人更尊重，不能够再跪拜父母，对君主也是一样，不能再拜了。这也是一个很大的矛盾。

出家不仅涉及一些习俗礼仪上的问题，还涉及中国的一些根本传统观念。

出家了就不问世事，也就是不能为国家服务了，按照传统的观点，这就是不忠。其次，出家后不能在家里孝顺父母，这就违背了孝道。最不能容忍的是，出家后就不能娶妻生子，这就断绝了香火，这是中国人最忌讳的事情，香火断了还行啊？

中国人非常重视婚姻和子孙的传承，为什么呢？因为生命就是在这个过程中得以延续的。每个个体都是有生就有死，但是作为族类来讲生命永远在延续，而这个延续就是靠子女来完成的。中国人的观念是"不孝有三，无后为大"，有没有后代这是最根本的。现在一出家，不能结婚，不就断后了吗？这还能行？

因此，一开始佛教与中国传统的冲突非常突出，通过争辩以后，佛教就逐渐向中国的传统习俗靠拢。它反复强调：并不是让所有人都出家，只不过让少部分人出家，出家必须征得父母的同意。如果一个人家里有好几个儿子的话，那有一个出家没有关系，不会断后，是不是？

另外，佛教虽然有出家的要求，但还是要讲究孝道的，要报父母生育之恩。所以，佛教本来在印度并不是很突出对父母的报恩，在中国就很强调，甚至专门造出一种经来讲这个问题，就是《父母恩重难报经》。这正是佛教为了适应中国的传统文化和环境所作的一些变化。

这是习俗、礼仪方面的冲突。另外还有理论方面的冲突，主要集中在因果报应、生死轮回和神灭神不灭这些问题上。

因果报应，生死轮回

先说因果报应。中国人本来讲不讲因果报应呢？这样的思想也是有的，但是跟佛教因果报应的内涵不一样。佛教的因果报应主要是讲个体自己的因果报应，强调自作自受。而中国传统文化中的因果报应观念呢？是前人跟后人之间的因果报应，或者父母跟子女之间的一种因果报应。

这就是《周易·坤卦》的"文言"里面讲的："积善之家必有余庆，积不善之家必有余殃。"如果你的父母、先人积了德，后人就可以享受果报。积德不是给自己来享受的，果报发生在两代人或者几代人身上，不是一个个体的自我的因果报应，这当然跟佛教的因果报应很不一样了。

再讲生死轮回的问题。这是跟因果报应相关的，佛教讲个体会在生死中间轮回。当时中国人把这个叫更生，由这一生变到下一生，换了一生了。这个观念在中国的传统文化里也没有，因为在中国人的观念中，生命是气合而生的，清气、浊气、阳气、阴气结合在一起就有了生命。

阴阳清浊之气的根源在于天地，所以天地是生命的根本。古人讲："天地者，生之本也。"具体而言，又通过父母合气而生子女，所以祖先者，是类之本也。

生必然有死，生是因为气聚，死是因为气散，气散了以后浊气下降，清气上升，我们的肉体就死掉了，然后就埋了，腐烂了。而我们的魂呢？魂就是精神，其实是一种清气，它上升了，在空中散掉，也就没有了。中国人对于生死就是这样一种观念，没有个体在生死中轮回的说法。

还有一个神灭神不灭的问题。因为如果能够生死轮回，那么就有谁在轮回的问题，肉体是要腐烂的，那么只能是灵魂了。在当时，灵魂这个概念就叫作"神"。

在中国的传统文化中，"神"其实就是"阴阳不测之谓神"的神，是指精气的妙用，并不是指像灵魂一样的东西，更不是说是不死的。前面已经说过，中国人本身是没有生死轮回观念的，当然也就没有灵魂不死的概念了。

其实，在佛教里面本来也没有那么一个实体性的灵魂，有的时候佛教讲"中有"。"中有"其实是一个过程，从这一生的结束到下一生的开始的这个过程叫"中有"。在这个过程里，是不是有一个承受者即灵魂这样的实体呢？佛教大部分的派别是不讲的。但是有个别的还是讲，尤其后来在密宗里，在藏密里有的派别非常强调"中有"这个问题。这也就是讲有灵魂转世了。

但在当时，关于神是随着形体的死亡而消逝了呢？还是形体虽然死亡了，可是神还存在，可以再去投胎，再去转生？对这个问题争论得非常激烈。

我们知道梁武帝是笃信佛教的。当时有一个学者叫范缜就反对神不灭说，他说，形亡了神也灭了。于是，梁武帝就发动人来围攻他、批判他，坚持讲神不灭。这个问题一直到后来都还不断地被讨论。

在这些问题上面，应该说中国的文化表现出了一种比较宽容的风度。虽然中国文化里面没有因果报应，没有生死轮回，但是也接纳了这些观点，后来它们也就成了中国文化的一部分。

我常常讲中国人其实负担很重，一方面，自己造的孽自己要来承受；另一方面，祖先造的孽也要承受，两种因果报应都要承受。但中国人认为这都是理所当然的事情。

比如父债子还，我们认为这是当然的吧？可是这种观念，在印度根本就不可能被理解。印度没有这样的事情，西方也没有。你自己做事自己担当，跟父母有什么关系？父母做的事跟子女又有什么关系？没有关系。

因为在他们的文化里，父母和子女之间没有这种生命延续的关系。既然没有生命延续的关系，那么他欠的债就是他的问题，我欠的债是我的问题；他欠的债他自己来承担，我欠的债我自己来承担，为什么我要去负责他的债呢？

但是在中国，因果关系是从一个生命延续到下一个生命，父亲死了，他欠的债子女来还，这是理所当然的。你是父母生命的延续，所以你来承担债务是完全应该的，是不是？

中国人两种因果报应都要承担，是不是很累呢？当然这是一个玩笑话。这其实正说明了中国文化的博大之处，一方面吸收了别人的观念，另一方面也不放弃自己的东西，所以它能延续至今。

磨合：发展中的中国佛教

译经

佛教传入中国以后，跟中国传统文化其实也有一个很长的磨合过程。在磨合过程中，佛教开始慢慢本土化了。

本土化首先表现在于对佛教经典的翻译上。不同语言之间的转换，常常会产生许多意想不到的质变。有的是因为不理解，弄错了；有的则是有意识的，为了能够使本土的人更好地理解，比附成本土文化中某个方面的内容。

刚开始翻译佛经的时候就面临这个问题。佛教经典里有很多概念是中国本土文化里面没有的，只能借用中国人所熟悉的一些名词概念去翻译佛经里面的比较相近的名词概念。这其实是非常不确切的，你越是用这样一个办法翻译，越会造成误解。

比如翻译"空"这个概念，佛经是从"性空幻有"这个角度来讲的，也就是讲"空"并不是否定"有"的空，不是否定现象的空，而是在承认现象的前提下面来讲空的，是不能够离开现象的幻有来讲空的。

但是中国人并没有这样一个概念，那怎么办呢？就用了"无"这个词。当时的中国人认为佛教跟道家是很接近的，也是讲清静无为的，所以翻译"空"最好的借用词就是道教的"无"。谁知道用这个词一翻译，中国人就按照道家的意思理解空了。后来很多人解释说佛教讲的空是什么，是无中生有，空是无，而无是一切万物之源，所以万物都是从空生出来的。这就不符合佛教的原意了。

类似这样的翻译毛病很多。虽然本土化了，空变成了无，本土的人能够看懂了，但是意思却变了。最初的翻译就是这样一种方式，后来发现不行，就改变了方式。

到了魏晋时期，兴起了玄学的思潮。玄学非常强调的一种思维方式叫作得意忘言，就是说重要的是把握意义，而不是仅仅停留在语言上。

佛经翻译也受到了这个思潮的影响，从而强调对佛经内在意义的表达。后来为了把意义表达得更准确，对于原来佛经里面的一些名词概念干脆就不翻译，因为怕翻译了以后引起误解。

比如说一个词本来包含了许多方面的意义，可是我们把它对应一个中国本土的概念的话，其他的意义就会被忽略掉，所以干脆就不翻译。

还有的词语的用法跟中国同样的词语的用法是一样的，但它里面所包含的意思却不一样。

比如说般若，它的意义应该是指智慧，但是它跟我们中国文化讲的智慧又不一样。我们讲的智慧实际上指的是那种能够辨别是非，辨别事物不同情况的智慧；而佛教里所提倡的般若恰恰是让我们来消除这些分别，也就是说是一种无分别的智慧。

显然，般若如果翻译成智慧的话会失去它本身所包含的意义，人们就会把它当作一般的智慧来理解，这反而就错了，所以也不能翻，干脆就音译了。

这段时期，翻译佛经强调得意，也就是意译，这符合当时佛经翻译的客观条件。因为早期的佛经翻译所依据的经典，并没有具体的文本，而是由一些高僧背诵出来后，再给翻译出来的。为什么呢？这跟印度的文化特征有关系。印度文化比较注重口传，不像中国的传统文化，比较注重通过文字来传承，什么东西都要记录下来。口传的过程实际上就给了翻译相当大的空间，就可以边翻译词边来讲述意思，可以加很多注解在里面。

到了唐代，玄奘去西天求经，带回来许多经典。这时中国佛经的翻译就进入了第三个阶段。有了文字经本的依据后，翻译的风格就发生了变化，更强调直译了，就是要让翻译文字跟原来的文字达到一致，而不像前期的得意忘言，强调意译。

我们看同样对《金刚经》的翻译，有鸠摩罗什的翻译，有玄奘的翻译。鸠摩罗什的翻译就是以意译为主，玄奘的翻译则是以直译为主。这两个版本看上去内容差不多，说明鸠摩罗什记得很熟，背出来一点儿没错。但是里面也有差异，比如一开始须菩提向释尊提问，鸠摩罗什翻译的版本提的问题只有两个，而玄奘翻译的《金刚经》里提的问题是三个，鸠摩罗什少翻译了一个问题。又比如刚才那个偈："一切有为法，如梦幻泡影，如雾亦如电，应作如是观。"这是鸠摩罗什的翻译，提到了梦、幻、泡、影、雾、电六个东西。可是玄奘的翻译里面，这个偈中出现的是九个东西。

但佛教的本土化过程中最重要的还不在于这些明显的概念，而在于一种转述的情况。

梵文的表达有时候非常烦琐，比如讲天和人的关系，在梵文里面可能要讲上好几句话，天跟人有什么样的关系，人跟天又有什么样的关系，等等，很复杂。可中国人习惯语言要简练。鸠摩罗什在翻译的时候就考虑，怎么让中国人爱看？

于是他就跟大家讨论，这句话应该怎么翻译才好。琢磨了半天，他的弟子说，这句话的意思不就是天人相交吗？鸠摩罗什说，好，这符合中国人的习惯了。那么复杂的话用天人相交的一个词一表达，清楚了，中国人一看就明白了。因为司马迁也讲过"究天人之际"，天人之际不就是天人相交，天人之间关系的问题吗？

所以，佛经在翻译的过程中很大程度上变繁为简了。这样做以后，可能意思就没有梵文的原典中说得那么清楚直白了，有一些不确定的东西也混杂在里面，可以这样思考也可以那样思考。但这不正是中国语言的一个特点吗？

从上面我们可以看出，佛教在与中国传统文化的磨合中，逐渐找到了正确的表达方式，使得佛经能够很快地在民间传播开来，极大地推动了佛教在中国的发展。

以出世法做入世事

解决了内容的准确性问题，接下来佛教所要面临的就是教义本土化的问题。前面讲过佛教跟中国传统文化有很多冲突，反映出来的其实主要是儒跟佛的冲突，特别是刚才讲过的出家、忠孝等观念。

于是，佛教就尽量强调儒、佛的一致性，尽量强调佛教并不违背中国传统的伦理价值。出家其实是为了更大的忠和更大的孝，因为是为了要解救众生，这是中国人能够接受的。因为在忠孝不能两全的情况下，中国人认为孝应该服从忠，小家要服从大家。当时佛教反复强调出家能使众生都得到解脱，当然中国人就很容易接受了。这样儒跟佛的冲突也就渐渐地减弱了。

另外在印度，佛教是比较强调苦行的，即所谓的头陀行，这也是婆罗门教的传统，为了更严格地要求自己。一般的修行者就是三件衣服、一个钵、一张席子，是很清苦的。

佛教的修行也不是一世就能成功的，往往要累世的修行。这种方式到了中国后也发生了不少变化。虽然有一些宗派也讲累世修行的问题，也讲修行有许许多多阶梯，要一步一步上去才能最终成佛，但是在中国占主流的禅宗强调的是顿悟，强调的是一生就有可能成佛。这也可以说是佛教传到中国后发生的一大变化。

还有一点，早期佛教在印度应该说是一种出世的宗教，特别强调通过个人独处的修行来悟道。到了大乘佛教时期，才开始强调出世和入世的不二，《维摩诘经》里面专门有一品叫《不二法门》，强调"世、出世不二"。

所谓"世、出世不二"，就是不能离开世间来求出世间，出世其实就在世间的生活中。烦恼和菩提不是两个世界的东西，生死和涅槃也不是两个世界的问题，所谓烦恼即菩提，生死即涅槃。

大乘佛教的思想到了中国以后得到了进一步的发挥。

在禅宗的《六祖坛经》里面就讲道："佛法在世间，不离世间觉，离世求菩提，恰如觅兔角。"特别强调在现实世间来求得解脱。

所以，在印度出世性格比较强烈的佛教到了中国后就变得不那么极端了，更强调只有入世才能够真正出世。中国佛教的入世精神是非常强的，或者说世俗性格非常强。

为什么呢？因为佛教的宗旨是要度尽众生，它的志向就像地藏菩萨大愿所表述的："地狱不空，誓不成佛；众生度尽，方证菩提。"要救众生，不入世怎么救？强调这种慈悲精神就使得中国佛教跟印度佛教相比，有了很大的变化，就是强调了入世的这一面。

那怎样去解决入世后面临的污染呢？如何保持出世的品格，做到既入世又不跟世俗同流合污呢？中国佛教的宗旨是：以出世法做入世事。这样就把二者调和了。

万法归禅

佛教到了中国，它在形式、理念上都发生了很多变化，但更重要的变化是在佛教宗派的建立上。因为宗派在印度是没有的。

在印度，无论是在原始佛教时期，还是发展到大乘佛教时期，出现的都是不同的学派、部派，部派其实也是因为学派的不同而形成的。大乘佛教开始是中观学，后来是瑜伽行学，最后是密教，都没有成为一种宗派。而在中国就出现了宗派。

宗派的建立可以说是跟中国的整个文化环境有相当的关系。

在印度，是没有寺院经济的。僧人到了中午要拿着钵排队沿街乞食，现在我们到印度还能看到这种情况。另外一种情况就是我们在藏传佛教里面看到的，出家人都是家里供养他，他是背着粮去出家的。家里也定期给他送吃的、送穿的。

但在内地的寺庙就不一样了，内地的寺庙逐渐发展出了一种寺庙经济，也就是说寺庙有一些固定的财产。比如说梁武帝三次要舍身出家，但皇帝出家了，这个国家怎么办？于是大臣们就拿出国家的财产把他赎了回来，这些财产送给了寺庙，寺庙当然就很有钱了。也有很多人舍宅子，北宋的王安石就把自己住的宅子送给寺庙当庙产。还有送地的，到解放的时候，北京的潭柘寺的土地不仅在北京周围有很多，而且远至河北、山西都有，寺庙就通过出租土地来挣钱。

应该说，中国佛教之所以出现了宗派，并且还能够长久地生存下去，跟寺院经济的发展是有相当关系的。有了一定的寺院作为根据地，又有比较强的经济实力，宗派的生存自然就不会太困难。

当然，从道理上来讲，中国的寺庙都是十方的丛林，不是私有的，而是所有的佛教信仰者的共同财产，或者是国家的财产，所以并不一定固定在某一个宗派下面。但是在开始的时候，都是有一个宗派来主持这个寺庙的。

具有中国特色的佛教宗派都有哪些呢？主要是这样一些：一个是天台宗。天台宗是最早形成的一个宗派，它以《法华经》为根本经典，以中观理论构造教义，提出了一些十分有特色的理论，像一心三观、一念三千等，然后用止观的修行方式来修证。天台宗强调止观双修，也就是一种坐禅的方法，通过止观来调身、调息、调心，来坐禅、修证。

另外一个有特色的宗派是华严宗。华严宗是以《华严经》作为宗经的。为什么天台宗选择《法华经》，而华严宗选择《华严经》呢？这主要是因为它们对佛教的教义在理解上有所不同。天台宗认为《法华经》所讲的佛教教义在佛教里面是最高的，华严宗则认为《华严经》所讲的道理是最高的。华严宗认为《华严经》可以包容一切，是最融通、最圆满的。所以，就发挥《华严经》里面的一些思想，建立起圆融无碍、法界缘起这样一套理论，以及十回向到十果位的修行方法。

还有就是净土宗。净土本来是佛教所有宗派共同追求的一个理想。所谓净土，就是清净的国土，也就是一种佛的境界，一种涅槃的境界，一种觉悟的状态。它本来只是一个笼统的称呼，为了形象化，就出现了讲东方净土的、讲西方净土的、讲弥勒净土的……有了各种各样的说法。

中国净土宗是强调西方的净土，强调西方极乐世界，认为通过念佛就可以往生到极乐世界中去。

本来念佛也是各种各样的。念就是念头的念，心中想念也是念，有观想念佛、观像念佛、实相念佛，也有称名念佛，所谓称名念佛就是口念佛号。中国净土宗选择了称名念佛作为主要的修行办法，认为这样就可以功德圆满，就可以往生西方净土。这也是中国的特色。

最有特色的中国佛教是禅宗。坐禅、修禅本来是一种很普遍的方式，不仅仅是佛教各个宗派，甚至佛教之外包括婆罗门教都可用。但是禅宗却把它变成了自己宗派的称号，就是因为它破除了禅的外在的形式，不执着于坐禅，而强调禅应当体现在生活的方方面面。

禅宗认为，行、住、坐、卧里面都有禅，担柴挑水里面也有禅，强调在日常的生活中间就有禅。而禅根本的核心就是把握本性清静、原无烦恼的境界，并在日常生活中落实这一点。也就是说，所有的烦恼其实都是外来的，你内心本来是没有的。如果你没有觉悟到这一点，那么处处都是烦恼，因为你总把烦恼当成自己的。但你如果觉悟了这一点，就不会再为烦恼所扰了。为什么？本性清静嘛。就是那句俗话所说的："世上本无事，庸人自扰之。"

禅宗的修法是在什么地方、什么场合都可以修的，这就是中国禅宗的入世精神。禅宗本身也强调这一点，就像六祖惠能所说的："佛法在世间，不离世间觉。"修行是不能离开当下生活的。

禅宗的形成是中国佛教的最大的特色，也是佛教在中国本土化的具体体现。禅宗不但具有中国特色，还充分发挥了印度大乘佛教的那种人文精神。它不拘泥于坐禅的形式——处处是禅，事事都是禅，时时都有禅，而且从根本上破除了对所有偶像的崇拜，包括佛像、经典、祖师。

禅宗里，可以呵佛骂祖，可以随意丢弃经典，甚至把经典撕下来当作盖酱缸的东西。当然并不是说要提倡这种极端的形式，但如果你有执着的话，我就得拿这个来破你，无论是对经书的执着，还是对偶像的执着。

禅宗专门强调自性弥陀，强调佛就在你心中，即心是佛。要明心见性，见性就成佛，而不是去向外求，佛不在外面。成佛也不能靠别人，别人只能帮助你，但不能代替你。你得靠自力，也就是靠自己的智慧和努力，来使自己得到解脱。

应该说，禅宗的这种人文精神跟中国文化有了一个内在的契合。因为在中国文化中，无论是道家还是儒家，都强调人的自我提升。并不是说要去做一个神，而是强调要做一个完美的人，儒家圣贤就是完美的理想的人。怎样才能成为理想的完美的人呢？就要靠自己的修养，不断地提升自己的人格。在这一点上儒家跟佛教，特别是禅宗的精神是完全契合的。

佛教自传入中国后，已经流传了两千多年，时间上已经超过了佛教在印度本土流传的时间。之所以能够这样，就是因为它在中国本土化了，而且跟中国的文化又有内在的契合，这就使得中国人在接受它时没有太多的障碍。

融合：中国文化的重要支脉

我们知道，汉代确立了儒家在文化上的独尊地位。但实际上，确立的只是儒家在治国理念和制订国家政治制度方面的主导地位，而在精神生活方面，儒家从汉末以后就逐渐被玄学、道家和佛教所取代。

到了隋唐时期，佛教在民众的信仰层面，在民众的精神生活领域里，包括在一些社会精英的精神生活领域里，其影响应该说已经超过了儒家和道家，占据了主导地位。

当时很多人对这个现象进行了反思，儒家是本土的，而佛教是外来的，为什么外来的反而占了主导地位，本土的反而退居第二了？有人说，这是因为儒家只讲具体的行为规范和道德规范，缺乏对于生死的终极关怀，缺少对道德实践的理论阐发，而佛教恰恰在这些方面有充分而且很深刻的阐释，所以它占据了人们的精神领域。

儒家因此认为，要恢复儒家在人们精神生活中的主导地位，就必须重新建构儒家的思想体系。后来宋明理学就吸收了佛教中的许多理念来充实儒家思想。

佛教对于中国文化的影响可以说是方方面面的。首先我们讲它对中国语言的影响，这是非常重要的。语言是文化的载体，文化通过语言文字表达出来，语言的变化会影响到文化。佛教对中国的语言有极大的影响，大家可能不知道，如果没有佛教传入的话，大概也不会有我们现在的拼音。因为拼音是根据过去所谓的反切来的，而反切又是在将梵文佛经翻译成汉文时受启示而来的。

在佛教传入之前，汉代文字注音是直接拿另一个跟读音相近的字来注的，叫直音相注。这个方法有很大的弊病，因为汉语的读音有四声的变化，有的字就找不到一个直接相近的音来注。直音相注是很不科学的，是不得已的办法。梵文传入中国以后，因为它是一种拼音文字，语言学家从中就得到启发，发现可以用两个汉字来注一个字。比如说东，可以注"得、红"，这就是反切。按现在语言学的说法，就是取前面那个字的声母，取后面那个字的韵母，把这两个字合起来就行了。这个方法渐渐演变成后来的注音符号，最终变成我们现在用的拼音。

这是佛教对中国音韵、语音学的影响，另外还有对汉语语义的拓展，也就是说佛教的传入丰富了汉字的字义。佛教传进来以后，我们要拿汉字去翻译佛经，有些意义是这个字本有的，有些意义则是它本来没有的，因为翻译佛经而后加入的。这类例子有很多，我最想提出的就是"缘"字。

"缘"字在中国原本的意义是指衣服的边，也包含有沿着某个东西的边缘的意思，即"沿着"的意思。但是佛教"缘起"思想进来了以后，这个"缘"的含义就变得异常丰富，增加了很多的内容。缘其实是佛教的一个核心理论，佛教讲缘起、缘生、因缘、有缘、随缘、结缘、惜缘，缘字也就相应地成为中国文化非常重要的一项内容了。

我们现在什么都要讲缘。今天大家聚在一起就是因为我们有缘，我们要做任何事情都讲究要"因缘俱足"才行。缘字的意义是不是跟以前大不一样了？从衣服的边变成文化的核心了！所以，佛教大大拓展了汉语字、词的含义。

更重要的是，还有许多的佛教名词直接变成了中国的词汇。梁启超曾经讲过——他是根据当时编的一部佛教辞典来讲的，这部佛教辞典里面收入了三万五千个词——佛教的传入使中国的词汇里面增加了三万五千个新词。当然这个说法可能是夸大了，但也有一定的道理。我们现在有很多词其实都是从佛教里来的，比如觉悟就是从佛教那儿来的。还有自由、方便、平等、真实、世界、解脱、众生、忏悔、心地、境界，等等。还有很多俗语，也是从佛教里来的。比如说我们常常用的一个俗语，"不是冤家不聚头"，哪儿来的？佛教里面来的。

佛教对我们的语言影响很大，让我们的词汇得到了极大的丰富，使我们的文化表达有了非常广阔的词汇基础。过去有一个说法，叫"世上好言佛说尽"，世上的好话佛都说尽了；"天下名山僧占多"，天下的名山几乎都有佛教的踪迹。我们现在去名山旅游经常会碰到寺庙，是不是？

从"天下名山僧占多"这个方面，可以说佛教在中国创造了一种庙宇文化。有学者就讲，中国古代只有宫殿文化。宫殿文化是官方的，一切的财富都集中去盖宫殿。佛教传入以后就有了庙宇文化。宫殿如果是高档的文化，那庙宇就是大众的文化，而且在历朝历代，庙宇实际上都是集会地、集散地，像现在的集市一样。一到初一、十五，庙宇就是一个群众集会的地方，在这个地方不仅有经济贸易，还有文化贸易，说书、演剧都在这个场所。

佛教在文学方面也很有影响。首先，我们可以看到它对文体的影响。现在大家公认，中国的通俗文学，在很大程度上来源于佛教。我们从敦煌遗书里可以看到不少的唱经文，或者讲经文，它们其实都是对佛经的一种通俗的宣讲。唱经的或者讲经的人，根据佛经里的一段经文来演绎一个故事。可能在经文里面只讲了一个结果，或只讲了一个现象，他在唱经或者讲经的过程中就会把这故事的来龙去脉展开来，就像我们现在的说唱艺术一样，是一种完全通俗化的讲经。这对后来说唱艺术的出现，以及通俗文学的出现都有极大的影响。

除了发展出通俗文学的文体之外，佛教对中国文学理论的影响也是巨大的。佛教讲空，讲境界，讲空灵，这些都深深影响了中国的文学和艺术，包括诗歌、绘画、书法，等等。只要去看看历代流传下来的文学理论著作，从《文心雕龙》开始，到后来的诗话、词话、书论、画论，都能看到佛教思想的影响。在具体的艺术方面，从音乐到绘画、雕塑、建筑，都渗透着佛教的内涵。

不知道大家知不知道，在日常生活中我们会称自己的母亲叫慈母，这完全是根据佛教的慈悲精神演化而来的。自唐代以来，人们对佛教里面的菩萨，特别是慈氏菩萨就非常信仰。慈氏菩萨有的时候指观音，观音就是慈悲嘛，我们都说大慈大悲观世音菩萨；有的时候又指弥勒菩萨，总之是佛教一种慈悲精神的体现。这说明在佛教的影响下，中国人对于母亲，也是用佛教中的理念去认识的。

另外，佛教对于中国的医学、养生和健身等方面也有很大的影响。《隋书·经籍志》里面记载，有很多从西域传过来的医药书籍，里面有一些西域名医所收集的药方，比如文殊菩萨养性方等；在藏传佛教里，藏医和佛教的结合就更紧密了。

佛教对道教也有影响。道教本来没有什么组织形式，经典也是非常散乱的。后来道教仿效佛教的僧团组织，根据戒律清规、法式仪式、经典结集等方面的佛教制度，也把道场组织成非常严格的道观，把道家所尊崇的一些经典集合成了道藏，使得道教不断地完善起来。

佛教对儒家的影响就更大了，这主要表现在宋明理学在重建儒学的过程中，从佛教那儿汲取了很多营养。可以这样说，如果没有佛教的一些根本理论作为营养，宋明理学的理论是架构不起来的。

比如说宋明理学中最根本、最重要的理论叫做"理一分殊"，就是说天理是唯一的、完整的，但是它能在各个事物中体现出来，各个事物又都体现了一个完整的天理。这种思想很显然是受到佛教，特别是华严宗"理事无碍，事事无碍"思想的影响。因此，才能够得出"人人一太极，事事一太极，物物一太极"这样一套完整的理论。

至于很多形式上的方法，比如周敦颐强调主静，也可以说完全是从佛教借鉴过去的。后来，朱熹认为周敦颐强调主静，佛教的味道太重了，改一改吧，把"静"改成"敬"，就把主静改成了主敬。我们从这个改变的过程中，恰恰可以看到佛教对宋明理学的影响实际上是非常大的。

可以这样说，如果没有佛教的传入，没有中国文化接纳佛教的历史，中国文化的面貌可能就不是现在这个样子。

在这个过程中，一方面，佛教变成了中国传统文化的一个组成部分；另一方面，它也成了中国整体文化的一个载体、一种表现方式。它已经不是单纯的外来的东西，实际上完全可以把它看成是中国文化一个不可分割的有机组成部分。

我们学校（北京大学）召开北京论坛这个国际大型学术讨论会，在谈到传统文化的时候，大家自觉不自觉地一开口就是儒家怎么样，有的学者就提出中国文化不能光提儒家，还应该有道家和佛教。

我想确实是这样。从不同的角度或者不同的时期，我们可以看到儒释道三教相互作用和它们互相之间的影响、消长的情况。因此，不能简单地讲中国文化只是什么，而要具体分析。

比如说从治国理念、制订政治制度这个角度来看，儒家是中国文化的主体，这是毫无疑问的。但是在世俗领域、生活习俗里面，特别是民间习俗里面，只提到儒家显然是不行的。道家、佛教可能在某些方面还大大地超过了儒家。

从汉族的角度来看，儒家的影响会更深一些，所以说它是主要的。但中国是个多民族的国家，从其他民族的角度来看，可能佛教是最主要的。不光藏族如此，我们到西南地区可以看到很多少数民族，他们的核心文化也是佛教文化。

儒、释、道确实是中国文化里鼎足而立的三个支柱，一个鼎至少有三只脚才能站得住，缺一只脚都不行。这个鼎就是中国文化，是由儒、释、道这三只脚支撑起来的。我之所以将儒家思想和中国文化、道家思想和中国文化、佛教思想和中国文化分成三讲，就是希望大家既要看到它们的不同，也要看到它们相互贯通、相互影响的一面。

总之，中国的儒、释、道这三种思想是你中有我、我中有你，共同来支撑着中国的传统文化。

第七篇

中国文化的艺术精神

重视礼乐教化是中国文化的特征之所在。礼乐教化是培养人文精神的重要途径，礼教是伦理教育，乐教是艺术教育，后者使中国传统文化中渗透了一种追求艺术境界的艺术精神。这种精神体现在多样的艺术形式中，它引导人们向善向上，更强调文以载道、以道统艺。

中国艺术注重表意，讲究体悟，要求艺术家在从事艺事之前，应当树立向天道学习的志向，认识每个具体事物的本性，并建立起道德的自觉，这一点深刻地传达了中国文化的精神境界和生活情趣。

伦理的文化

礼乐并重

中国文化最根本的特征是以人为本，以人为中心。它是一种人文的文化，体现出一种人文的精神。那么，这种人文精神是怎样养成的呢？主要是通过传统的礼乐教育。

礼乐教育一方面讲的是礼，作为一种伦理的教育，体现出一种伦理的精神；另一方面是乐，作为一种艺术的教育，或者说是美育，体现出的是一种艺术的精神。之所以提出这个概念，是因为艺术精神所包含的意义比一般的艺术教育或者艺术宽泛得多，它并不是指写诗、绘画这样具体的艺术门类，而是指体现艺术追求和境界的一种精神。在某种程度上，它是超越了具体艺术的一种精神。

可以这样说，中国文化的精神有两个方面，一个是伦理的精神，一个是艺术的精神。二者相互配合，不可分割。礼是用来规范人的社会身份和社会地位的，即"别异，明分"，确定每个人在社会上的责任、权利和义务。

换句话说，就是建立社会秩序。而乐，按照传统的说法，是用来"统同、合群"的。

社会是一个群体，用礼来把这个群分成各种不同的身份、地位、等级，明确各自不同的责任、权利、义务；同时又通过乐教来使得这个有不同等级的社会达到和谐一体。人们通过乐来表达自己的志向、情感，通过乐来交流，从而构建起和谐的人际关系。在中国文化中，礼、乐这两个方面是紧密结合在一起的。通过礼乐教化使人成为一个真正的人、合格的人、有高尚品德的人。

过去常常讲，中国历史上的文化是一种伦理的文化。这种看法有其片面性，只看到了礼教而忽略了乐教。其实在中国历史上是非常重视乐教的。古代社会看起来好像非常严肃，等级非常森严，其实它也是非常和谐的。

因此，要了解中国文化，如果不了解乐教，不知道中国文化是充满艺术精神的一种文化，那么这种了解就是不够全面的。

海纳百川

中国的文化是艺术的文化。一讲到艺术的文化，我们自然而然就会想到中国有很多的艺术形式，单从文学上讲就有汉赋、唐诗、宋词、元曲和明清小说。从音乐上讲，我们的音乐样式也是多种多样的，不但有传统艺术，还把外来的音乐、舞蹈都吸收进来，使之变得异常丰富。一直延续下来的就有琴、棋、书、画，如果继续上溯，还有六艺，诗、书、礼、乐、射、御，这些都是我们艺术宝库中的精髓。

比如古琴和昆曲。中国的古琴是世界上流传至今的弹拨乐中最古老的一种乐器，到现在至少有三千年的历史了。而中国的昆曲可以跟印度的梵剧、希腊的悲剧、日本的古典戏剧"能"相提并论。但无论是从剧本文学艺术、音乐演唱艺术，还是舞台表演艺术以及整个的戏曲理论体系来讲，昆曲较其他都更胜一筹。希腊的悲剧早已消亡，只剩下了一些文学作品；印度的梵剧只是零零散散地存在于现在的印度舞蹈中；日本能剧的历史比昆曲要早几百年，但它从剧本到唱腔，再到表演艺术理论都没有昆曲那么完整和丰富。因此，昆曲可以说是这四大戏剧中保存最完整、流传最广泛的。

2001年，中国的昆曲被列入世界非物质文化遗产名录。2003年，中国的古琴也被列入世界非物质文化遗产名录。这些例子说明，中国的某些艺术在世界上已经达到了一个顶点，其价值是无法估量的。

由艺入道

在中国，道德教育和艺术教育的紧密结合，使得道德所追求的最高境界，实际上常常也是艺术所追求的最高境界。

我们经常讲"真善美"，"真"是对知识、真理的追求，"善"是对伦理、道德的追求，"美"就是对艺术境界的追求。中国人不仅讲"天人合一"，也强调"真善美"的统一。道德的追求和艺术的追求在极致点上是完全汇通、合二为一的。不仅如此，中国人还把艺术精神贯彻到日常生活之中。有人说，中国人的生活是艺术的生活。总之，中国文化中渗透了一种追求艺术境界的艺术精神。礼乐教化就是其中最重要的部分。

乐教从狭义来讲，就是指音乐教育。中国古代讲的音乐是把诗歌、舞蹈都包含在内的，因此音乐的内容是非常广泛的。从广义来讲，乐教指所有的艺术教育，或者美育。

对于乐教，孔子曾经讲过这样一句话，他说："兴于诗，立于礼，成于乐。"（《论语·泰伯》）"兴于诗"，即必须从《诗经》开始，然后"立于礼"，最后"成于乐"，即通过乐来完成对一个人的培养。这就是把乐看成是人格完善的最高境界。

古人之所以把音乐教育放在如此重要的地位，是因为他们认为，音乐是感人最迅速、最深刻的，音乐可以移风易俗。

《礼记》里面专门有一篇文章叫《乐记》，是讲音乐的产生和音乐的社会功能。读过之后你会体会到，它不仅仅是指音乐这一门艺术，还包括了整个的艺术教育。

《乐记》首先考察了音乐是怎么产生的。它说："凡音之起，由人心生也。"就是说音乐是由人心所生的。为什么呢？它又讲了："情动于中，故形于声。"感情在心里面发动，就用声音的形式表现出来。但声音并不等于音乐，还必须"声成文，谓之音"。文，就是文饰，就是说声音经过修饰编排之后叫做音。到了音，还不是乐，必须"比音而乐之，及干戚羽旄，谓之乐"，就是要把一个个音节联系在一起，有了大小、高低、快慢的变化，这样才形成乐。

乐是由音生成的，而它的根本"在于人心之感于物也"。人心受到外界的感动，不管是高兴的情绪还是悲伤的情绪，都需要表达出来，喊出来。归根结底，音乐是人的感情的一种迸发。感情聚集，然后通过声表达出来，声经过修整之后变成音，音经过编排再成乐，乐就是这样产生的。

《乐记》接着讲，物感人是无穷的，人们每天接触到各种各样的事物，就会产生各种各样的情感，这是很正常的。但如果一个人的好恶没有节制的话，就难免会被物化。人如果被物化了，就成了"灭天理而穷人欲"了，必须要用正确的乐来引导、节制。因此，"乐"实际上是教化民众的一种重要手段。

由此可见，中国历史上是把礼乐和刑政放在同等地位来看的。《乐记》中说："礼乐刑政，其极一也。"就是说礼乐和刑政最终的目的是完全一样的。之后又说："声音之道，与政通矣。"即声音的道理跟政教是相通的。

由此，《乐记》辨明了几个层次。第一层是"知声而不知音者，禽兽是也"。如果一个人只知道声，不知道音，那就跟禽兽一样——禽兽只懂得叫喊，只会发出声音。第二层是"知音而不知乐者，众庶是也"。"众庶"就是一般人、普通人。普通人只知道音而不知道乐。第三层是"唯君子为能知乐"，只有君子才能知道乐啊。

《乐记》认为，礼和乐是相互配合的，并把乐提到了一个很高的位置上来强调。同时，它还认为音乐对人的感受力、震慑力是最为强大的。它讲："故乐行而伦清，耳目聪明，血气和平，移风易俗，天下皆宁。"如果音乐教育进行得很好的话，那么人们会耳聪目明，血气也会和平，并且能移风易俗，这样天下都会达到一种安宁、和谐。

显然，在中国文化中，音乐绝不仅仅是为了满足人们的一种生理欲望，而是要用来使人们达到一种理想的人格。因此《乐记》说："君子乐得其道，小人乐得其欲。"小人只是为了满足自己的一种欲求，而君子是要追求一种道。这个"道"，就是一种人格的境界。

《乐记》进而指出："以道制欲，则乐而不乱；以欲忘道，则惑而不乐。"就是说用道来克制欲望，既能给自己带来快乐，又能使社会安宁；如果只追求欲望而忘记了道，人们就会被迷惑而没有欢乐。

所以，中国传统文化更注重通过乐来引导社会风气、培养人们的情操。形式固然重要，但如果只停留在形式上面，停留在外在的东西上面，就根本不是乐的本质。《乐记》里讲道："乐者，非谓黄钟大吕弦歌干扬也。乐之末节也。"黄钟大吕是指音乐的声音；弦歌干扬，弦歌是唱，干扬是一种舞蹈的道具。就是说乐并不是指奏响黄钟大吕，大家一起唱歌、跳舞，这些都是音乐的末节。

其实这个思想孔子也讲过："礼云礼云，玉帛云乎哉？乐云乐云，钟鼓云乎哉？"（《论语·阳货》）礼难道就是玉帛这些被作为礼品的东西吗？乐难道就是这些钟鼓吗？这些都是乐的末节，都是外在的东西啊！真正的乐教，或者说艺术的精神，其实是通过这些东西来寻求人生最高的境界。

《乐记》里面特别提到了这样一个观点，音乐的根本在于培养人的品德，培养人的德行，而不是培养人的艺事。它说："德成而上，艺成而下，行成而先，事成而后。"也就是说，德行是最高的、最重要的，而艺事是其次的。

中国人认为艺术不是一种竞技性的、表演性的活动。对于体育的认识也是这样，六艺"诗、书、礼、乐、射、御"中，"射"跟"御"实际上就是体育活动，但它们的本质也不是竞技性、表演性的，而是要通过这些艺术的、体育的活动来陶冶性情，来寻求人生的更高境界。

《乐记》把德行放在第一位，把艺事放在第二位。通过艺术，人们追求一个人生的根本道理。一个最高的境界，就需要由艺入道，同时要用道来统摄艺，这应该是中国乐教中一个最根本的精神。

任重道远

任何艺术都不是孤立的。它不仅仅作为艺术家个人的主体意识表达，更重要的是作为人类所共同追求的境界的表达。每个艺术家的艺术作品，都应该贯彻这种精神。从某个角度也可以说，不是为了艺术而艺术，这应该是中国传统文化中，体现艺术精神的一个最根本的原则。

在讨论这个问题的时候，有人提出中国没有艺术，因为中国传统文化过分强调艺术的社会作用，或者是政治意义，而没有艺术自己的独立性。因此近代以来，很多人都在探讨所谓艺术的自觉。

艺术自觉的标志是什么呢？他们认为，艺术的自觉就是艺术能够脱离政治，只反映艺术家个人的追求，这才是一种艺术的自觉。或者是为了艺术而艺术，也就是说追求形式上的完美，而不去管它的内容对大众究竟是有利还是无利。认为只有这样，艺术才是自觉。这是一个很大的误导，现在很多的美学研究、艺术研究，都把"什么叫做艺术的自觉"作为标志性的问题。

拿中国历史来讲，很多研究者认为到了魏晋时期，中国的艺术才开始进入艺术的自觉。因为魏晋时期，强调人的个性的张扬，强调尊重自然。跟先秦两汉以来强调乐教要服从于伦理的原则，服从于治国的理念，服从于人格境界的提升相比，艺术好像完全成了一个人的自然个性的充分表露。他们认为到了魏晋时期，中国的艺术才达到了一个自觉。

其实这里也有一个误区，魏晋时期确实强调人的个性，强调尊重人的自然本性，要解决人的自然本性跟整个社会礼教对他的要求，在某种程度上也可以说是对他的束缚之间的矛盾，由此产生了一股"越名教而任自然"的思潮。

这一思潮最著名的代表就是"竹林七贤"，像嵇康、阮籍、刘伶、阮咸这样一批人，他们是非常强调狂放、放任的。他们大都嗜酒，最著名的就是"酒仙"刘伶，他不但用酒来解渴，还曾经做过一首诗："天生刘伶，以酒得名，一饮一斗，五斗解酲。"但这批狂放的人，是不是代表了主流呢？或者说他们的内心是不是真的狂妄？

可以说不完全是这样。如果仔细考察一下，就会发现，这批人之所以这么狂妄，在很大程度上，是为了躲避当时激烈的政治斗争，通过表面的狂妄来保护自己。并不是说，他们的内心真正就是放任的，相反，他们是非常重视礼乐规范的。

譬如阮籍，他是一个非常狂放的人，但是他教育自己的儿子，决不能学习他的放荡不羁。嵇康也是非常放任的，他明确地提出"越名教而任自然"，但是他也不主张完全放任自己。他在《养生论》中说，完全放任自己最后会害了自己。

因此，在中国传统文化中，中国的艺术家们应该是有社会责任的，艺术必须要有鲜明的社会伦理内容。

我认为，中国传统文化对于艺术的这种定位，对于艺术和人格培养之间关系的诠释，是非常重要、非常准确的。每个艺术家，都应该有一种非常明确的社会责任感和社会意识，而不能随心所欲。如果那样的话，很难讲社会风气会被引导到一个什么样的方向。这是非常可怕的。

之所以说明这个问题，是因为现代社会，在乐教方面实际上是相当放任的，对社会造成的影响也很坏。现在很多艺术家都缺乏社会责任感。因此，学习和了解中国传统文化中对于乐教，或者艺术教育、美育教育的看法，对现代人来讲非常重要。

艺以载道

美育教育的社会引导作用，是中国文化的一个重大特点。在西方文化中，是通过宗教来进行道德教化和艺术教化的。西方艺术中，百分之九十都是宗教艺术。在西方，礼乐的教化大都是通过宗教来进行的。

中国没有像西方那样的宗教形式。如果我们抽掉关于做人的道理和人际关系这方面的教化，而仅仅去学习西方近现代以来的所谓张扬个性的表达，我们就失去了自己的根本。

在根本问题上，西方的宗教所规定的伦理道德是根深蒂固的，它就是西方的道德防线。除去现象上个性张扬的表达之外，西方还有非常传统、非常深入的宗教教化。而中国如果把自己的礼乐教化抛弃了，去学习西方的张扬、放任，但又没有西方的那种宗教教化，那么就失去了自己的道德防线。这是一个非常严峻的问题。

而中国的许多艺术，就曾经在这个方面起了很大的作用。譬如，在以前的中国社会中，知识分子是非常少的，最初只有王公贵族的子弟才能进学堂，绝大多数的老百姓都是没有受过教育的，都是文盲。但这些占人口绝大多数的文盲，却都懂得做人的道理。这些道理从何而来呢？其实就是通过艺术的教化。说书、演戏等，都教给了他们做人的道理。尽管不识字，但他们对于做人的道理可能比那些识很多字、有很高文化的人，把握得还要准确。

这是在民众中间。在知识分子中间呢？当时非常强调艺术的修养。在艺术修养中，作为作者来讲，要寄托他的志向，寄托他的一种人格或对人生境界的追求。而作为读者来讲，也要从这些作品里去体会生活的意义、人生的价值。

对于好的诗篇和散文，人们常常会评价说"脍炙人口"。就是因为它们不仅辞章华美，更重要的是寓意深刻。宋代有一位学者周敦颐，就是周濂溪，写过一篇很短的作品叫《爱莲说》①：

> 水陆草木之花，可爱者甚蕃。晋陶渊明独爱菊；自李唐来，世人盛爱牡丹；予独爱莲之出淤泥而不染，濯清涟而不妖，中通外直，不蔓不枝，香远益

---

① 原文据清仪封张伯行正谊堂木刻《周濂溪先生全集》卷之八。

清，亭亭净植，可远观而不可亵玩焉。予谓菊，花之隐逸者也；牡丹，花之富贵者也；莲，花之君子者也。噫！菊之爱，陶后鲜有闻；莲之爱，同予者何人；牡丹之爱，宜乎众矣。

这篇作品很短，但其中的寓意是非常深刻的。"水陆草木之花，可爱者甚蕃"，就是说人们喜欢的水里、陆地上的草木花朵，是非常多的。东晋的陶渊明最喜欢菊花，从他的诗句中就可以看到，他写的"采菊东篱下，悠然见南山"，就有很美的意境。

而自李唐以来，人们大都喜欢牡丹花，因为牡丹花代表富贵。周敦颐却说他自己唯独喜欢莲花，原因是莲花出自污泥却不曾被污染，在清水之中也不显得妖艳。虽然里面是空心的，外面却是笔直的。不蔓不枝，香气还传得很远。亭亭玉立地干净地站在那儿，只可以远远地欣赏它，而不能随便将其拿在手里把玩。

他说，菊花是花中隐士，陶渊明是隐逸者，所以他喜欢菊花；牡丹是花中代表富贵的花，因此受到大多数人的青睐；而莲花是花中的君子。

最后周濂溪感叹说：在陶渊明之后，很少听说有人喜爱菊花；跟我一样喜欢莲花的还有什么人呢？也很少了；而大家都很喜欢牡丹，就是因为世人大多数是喜爱富贵的。

通过对三种花的比较，他就突出了三种花的品格，更凸现了喜爱这三种花的人的不同追求。

在中国古代的散文中，有一篇《岳阳楼记》，应该是为大多数人所熟知的。范仲淹在《岳阳楼记》中发出的"先天之下忧而忧，后天下之乐而乐"的慨叹，成为流传至今的名句。这样的名句，不仅辞藻优美，而且含义深刻。

对联里也有这样的例子。如"未出土时就有节，及凌云处尚虚心"，描写的是竹子，非常贴切。没有出土的时候就已经有了节，当它长得很高的时候，几乎要接近云的高度了，中间还是空心的。表面上是描写竹子，实际上从里面能体会到一种非常重要的人的品格。人就应该像竹子一样，要有节操，而且就算到了再高的地位，也还要虚心，要谦逊有礼。

艺术精神就是这样体现在中国文化中，它引导人们向善、向上。因为在艺术精神中包含着这样的社会责任，所以它必须要载道。艺术不只是一个为了满足欲望的东西，更重要的是，它是用来教化民众、和谐社会、休养生息、陶冶性情的。因此不能玩物丧志，不应该好恶无节，而应当通过艺术的修养，通过文以载道，以道来统艺，来提升欣赏的趣味、审美的境界，进而体悟生命的意义和人生的价值。

在人生修养或者文化修养中，不仅要有伦理的修养，而且一定要包含艺术的修养。艺术教育是素质教育中最重要的一个部分，但现在的艺术教育，特别是那种课余的艺术教育，可以说基本上都是一种功利性的教育。很多的家长让小孩去学习弹琴也好，唱歌也好，跳舞也好，大都只是为了将来孩子考大学的时候能够得到特长生的优惠政策，或者是为了将来成为一个明星。这完全违背了中国艺术教育的宗旨。

在这样的情况下，艺术不仅不能起到陶冶性情、体悟人生的作用，反而会助长、滋生功利心。因此，在今天如何发扬中国传统文化中的艺术精神、正确把握中国艺术精神的内涵，成为一个迫切需要解决的问题。

艺术的文化

得意忘言，得意忘象

中国艺术的特征是非常强调艺术的社会功能，这是从艺术跟它的社会功能的关系来讲。从艺术本身的特征来讲，应该说中国艺术更强调表意，而不强调形式。孔子讲过："礼云礼云，玉帛云乎哉；乐云乐云，钟鼓云乎哉？"不是说光敲敲钟，打打鼓就是音乐了，要强调的是音乐的内容。这种注重表意的特点从魏晋南北朝时期，就得到了理论上的支持。这个理论上的支撑来源于玄学家，他们是在解释《周易》的时候归纳总结出来的。

我已经多次讲过，两汉注重《周易》的象数，而魏晋玄学注重《周易》的义理。魏晋时期著名的玄学家王弼提出一个很重要的命题——得意忘言。他说：

> 夫象者，出意者也；言者，明象者也。尽意莫若象，尽象莫若言。言生于象，故可寻言以观象；象生于意，故可寻象以观意。意以象尽，象以言著，故言者所以明象，得象而忘言；象者，所以存意，得意而忘象……是故存言者，非得象者也；存象者，非得意者也。象生于意而存象焉，则所存者乃非其象也。言生于象而存言焉，则所存者乃非其言也。然则忘象者，乃得意者也；忘言者，乃得象者也。得意在忘象，得象在忘言。故立象以尽意，而象可忘也。重画以尽情，而画可忘也。（《周易略例·明象》）

卦象也好，象辞、卦辞也好，爻辞也好，都只是表意的工具。人们的根本目的是要去掌握意，而不是停留在象和言之上。所以他说，我们的目的是得意，得了意以后，可以忘言，也可以忘象。只有真正忘掉象和言，才能得到意。

言外之意也是庄子非常重要的一个思想。玄学是以周易老庄作为他们最基本的依据的。《庄子》里面就讲到了工具和目标的关系问题，有这样的比喻，叫做筌和蹄跟鱼和兔的关系问题。

> 筌者所以在鱼，得鱼而忘筌。蹄者所以在兔，得
> 兔而忘蹄。言者所以在意，得意而忘言。吾安得夫忘
> 言之人而与之言哉！（《庄子·外物》）

渔网叫筌，用渔网是为了捕到鱼；夹野兽的夹子叫做蹄，蹄是为了夹到兔子。如果抓到了鱼，网可以放在一边了，如果夹住兔子，蹄也可以放在一边了。如果不专心去捕兔子，一天到晚关心网，那就既得不到兔子也得不到鱼。所以，庄子说得鱼而忘筌，得兔而忘蹄。

王弼也用庄子的这个观点来解释言、象、意三者之间关系："故言者所以明象，犹蹄者所以在兔，筌者所以在鱼，得兔而忘蹄，得鱼而忘筌也。"

这就形成了中国思想里面，强调获得意义是第一位的特点。而获得意义并不是一定的，它是可以根据每个人的体会去把握的。

其实在汉代的时候已经提到了，董仲舒讲过一句很有名的话，叫做：

> 《诗》无达诂，《易》无达占，《春秋》无达
> 辞。（《春秋繁露·精华》）

《诗》指的就是《诗经》；达，通达，指大家共同认

识；诂，训诂，就是字的意义。"《诗》无达诂"就是讲《诗经》没有一个确定的共同的解释。也就是说，《诗经》是可以由每个人自己去体会的。《诗经》的六艺指"风、雅、颂、赋、比、兴"，比，就是比喻，个人可以通过它来进行各种诠释。

譬如，"关关雎鸠，在河之洲，窈窕淑女，君子好逑。"（《诗经·国风》）有人认为这是比喻男女之间的爱情，而理学家并不这样看，他们认为这不是简单的男女爱情，还蕴含着"后妃之德"。

这种"诗无达诂"的精神就等于得意忘言。把握一个意思，不能只停留在语言上。这就形成了中国艺术非常重要的一个特点——文以载道。就是说创作者一定要在他的作品里面，寄托他个人的一种志向、一种追求、一种理念或者理想。欣赏者也可以通过作品，体会到自己想要体会的那种东西。而这个东西，并不一定要还原到作者原先想要寄托的那个意思，也就是说这不是一个单纯的考据问题，而是一个体悟问题。因此就中国艺术来讲，创作者有创作，欣赏者同时还有创作。

其实，现在人们对于很多东西的理解，可能都已经完全离开了它原来所要表达的意思。举个最简单的例子，王之涣的《登鹳雀楼》：

白日依山尽，黄河入海流。

欲穷千里目，更上一层楼。

从诗本身来讲，它所要表达的意思是非常清楚的，就是一个实时实地的描述，在鹳雀楼上可以看到黄河向东流去，可以看到太阳渐渐落山。想看得更远呢，就上得再高一点，这就是"欲穷千里目，更上一层楼"。

王之涣在写这首诗的时候，应该说是即景而生的。但后来人欣赏，就可以完全脱离那个即景，把里面的"意"抽出来。特别是后两句"欲穷千里目，更上一层楼"，有鼓励人向前的意思，已经不是面对夕阳、登楼观赏的那个现实了。这就是由后来的欣赏者发挥出来的意义。

只可意会，不可言传

中国艺术中，一个非常重要的特色就是创作者和欣赏者的双重创作，强调内涵，而不是看重外在形式。创作是以立意、传神、韵味、吸引、生动作为最高标准的。如果只是形似，不能够传神的话，那就不是上品。而欣赏要得意、会心、体悟、回味无穷。如果只是看一看这幅画表面上像或不像，就没有意义。苏轼曾经讲过：

> 论画以形似，见与儿童邻，赋诗必此诗，定知非诗人。（《书鄢陵王新画折枝二首》）

这就是中国艺术的特点。要谈论画，不能从外形、外表来看它像不像某个东西。如果只追求外在的形似，就跟孩子的见识一样了。如果是一首诗，它一定表达了什么东西。如果没有在里面体会到别的更深层次的意思，领会不到言外之意的话，那么这个欣赏者一定是不懂诗的人。苏轼的话很有代表性。欧阳修也说过类似的话：

> 古画画意不画形，梅诗写物无隐情。忘形得意知者寡，不若见诗如见画。（《盘车图诗》）

他非常感叹，说"忘形得意知者寡"，通过忘掉形而得到意，懂得这个道理的人太少了。

艺术到了高妙之处是无法言谈的，完全靠个人的体悟。西方人说中国人神秘，为什么神秘？说不出原因，只能靠自己去体会。欧阳修还有一个后记，是写给当时他一个很要好的朋友、诗人梅圣俞的诗稿，他讲到了该怎么样去欣赏梅圣俞的诗。

> 乐之道深矣，故工之善者，必得于心应于手，而不可述之言也；听之善，亦必得于心而会于意，不可得而言也。

他在这里用音乐比喻诗，从创作者和欣赏者两个角度来讨论。他说乐的道理是非常深刻的，善于演奏的人，一定是得于心而且应于手的，没法用语言来讲述，这是从创作者的角度来讲。从欣赏者的角度又是怎样的呢？他说善于听乐的人也一定是得于心而会于意，能够领会它的意义，这也是无法言说的。

不管创作者也好，欣赏者也好，讲究的是心灵的沟通。一个是得于心而应于手，一个是得于心而会于意，都不是可以用语言来表达的。这些东西跟西方的艺术理论或者原则，有着鲜明的不同之处。

万事造画，终得心

中国传统文化始终有一种体悟的精神贯彻在艺术的各个方面。譬如古琴，它是礼乐教化中有标志性和代表性的一种乐器。在《礼记·曲礼》里面就讲道：

> 士无故不撤琴瑟。

士人不能随随便便地撤掉琴或者瑟，因为琴或者瑟不仅仅是外在的表象。陶渊明在墙上挂了一张无弦琴，为什么呢？他有这样一种观念：

> 但识琴中趣，何劳弦上声。（《晋书·列传第六十四》）

只要能够把握琴中的意趣，又何必非要弹出声音来呢？很多东西是需要个人来体会，并在体会中把握的。

中国文人强调琴棋书画，在这四者中，琴是排在第一位的。为什么琴这么重要？它到底有什么作用呢？东汉的时候有一部文献叫做《白虎通义》，简称《白虎通》。它是东汉时期汉章帝召集的一次会议的记录，是把儒家的一些治国和人生修养的理念规范化、制度化的一部文献。这部文献对各种各样的社会关系都有规范，对礼乐教化的功能也有说明。它讲到琴的时候就说：

> 琴者，禁也。禁人邪恶，归于正道，故谓之琴。

琴就是禁、禁止。它能禁止人的邪念，使其归于正道。这应该是中国古代对于琴的作用的一个基本认识，也是一个共同的认识。汉代有一位著名的学者叫蔡邕，即蔡伯喈，他写的《琴操》里面也是这样讲的：

> 昔伏羲氏作琴，所以御邪僻，防心淫，以修身理性，反其天真也。

"反其天真"用佛教的话来说，就是回到它的本来面貌，也就是说琴是用来恢复人的自然本性，防止其流于邪淫的，是用来修身理性的。一直到近代，对于琴的基本认识都是这样。同样的，其他的音乐形式也都起这样的作用。

中国的艺术非常重视效法自然，不仅仅是效法自然界多姿多彩的山水草木，更多的是效法自然界所呈现出来的那种本然的状态，因此自己内心对于人生和生命的体验就更加强烈了。用《画论》里面的一句话来讲，就叫做：

> 万事造画，终得心……

依仁游艺

要做好一门艺术，首先要做好一个人。北宋有一位著名的画论作者叫郭若虚，他在著作《图画见闻志》里就讲道：

> 窃观自古奇迹，多是轩冕才贤，岩穴上士，依仁游艺，探赜钩深，高雅之情，一寄于画。人品既已高矣，气韵不得不高；气韵既已高矣，生动不得不至。所谓神之又神而能精焉。

他说我们看古代各种各样的画，创作者都是一时的才俊，或者隐居在山林里的高士，而且这些人都是"依仁游艺"的。什么叫"依仁游艺"呢？这个说法来源于《论语》：

> 志于道，据于德，依于仁，游于艺。（《论语·述而》）

就是说我们首先要向天道学习，树立一个向天道学习的志向。接着"据于德"，德的意思就是得到，天的本性是天道，从天道那里得到每个事物具体的本性，就叫做德。道是一个总体的、自然的本性；德则是每个具体事物的本性。依于仁，就是要建立起一个道德的自觉。最后才能游于艺，即从事种种的艺术行为。

中国古代的"艺"，不是我们现在理解的狭义的艺术。古代的"艺"包括所有的技艺在内，指艺事。道和艺是相对的，道讲的是总的原则，艺是讲每一件具体的事情。游于艺指的就是你所从事的所有的事情。而在这之前，你必须志于道、据于德、依于仁。

郭若虚在这里强调，不管是社会的才俊，还是远离社会的隐士，都是依仁游艺的，都是"探赜钩深"的。所谓"探赜钩深"就是探求宇宙自然的道理，探求人生的道理。他们把这种高雅之情，"一寄于画"，寄托在画上。

他讲："人品既已高矣，气韵不得不高；气韵既已高矣，生动不得不至。"怎样才能气韵生动？首先看人品。人品已经很高了，气韵就会随之增高；气韵既然也已经高了，生动自然就到了。所以气韵生动不是光靠你的技术就可以得来的，而是要看你的人品修养，也就是欧阳修讲的"得于心"。得于心才能够应于手，人品是最重要的。

近代一位著名的画家陈衡恪，在讲到文人画的时候，就指出了文人画的特质。他说：

文人画有四个要素：人品、学问、才情和思想。具此四者，乃能完善……不在画里考究艺术上的功夫，必须在画外看出许多文人之感情。

这就是中国的艺术，不是把技巧、技术放在第一位，而是把作者的人品、见地、思想、学问放在第一位；并非从画中考究艺术上的功夫，而是必须在画外看出许多意义来。

中国艺术的这些特点跟它所强调的艺术的社会功能，是直接联系在一起的，而且从理论上也得到了"得意忘言"这种思维方法的支撑。

一闻千悟

言外之意、得意忘言的思想，可以说体现在了各个方面。譬如读书，书读得多并不代表这个人一定聪明，还要看他是否能从书本里跳出来。得意忘言，就是要求不但要进得去，更重要的是出得来，只有这样才能把握书本内在的精神和要点。

中国人这种强调不能停留在文字上的思维方式，跟西方的思维方式有很大的不同。西方的分析哲学、语言哲学，都是在文字上面下功夫，都是通过文字来分析。而中国恰恰要求个人透过文字去把握内在的意义、要领或者精神。禅宗六祖惠能为法达说《法华经》的故事，说明的就是这一点。

当时一位叫法达的禅师，自小开始诵读《法华经》，却始终不能参透其中的要领。参见六祖惠能时，"念《法华经》已及三千部"。惠能大师指出其犯了"但依文诵念，岂知宗趣"的过失，并作一偈，其中说："心迷法华转，心悟转法华。诵久不明己，与义作雠家。"

惠能大师说，你虽然诵了三十年《法华经》，但不得要领，是被《法华经》转了，你应当转《法华经》，不要被它的文字所束缚，要通过字面去把握它的根本精神。

法达一听，恍然大悟，以偈赞颂说："经诵三千部，曹溪一句亡。未明出世旨，宁歇累生狂？"从此领悟了《法华经》与禅宗的精髓，不再胶着于文句，同时"亦不辍诵经"。

正是因为有这样的一种思想，中国的艺术品，才能够反复去欣赏、去体会，领悟其中的道理。同样是一幅画，用不同的心情去欣赏，会有不同的体会；不同年龄的人去欣赏，又会有各自不同的体验。因此，艺术的生命力是恒久的。中国的这种艺术精神，使得每一件真正的艺术品的生命得以永恒，可以随时随地给欣赏者一个新的体验，实际上也就是一个重新创作的机会。

继往开来

联系中国传统文化"述而不作"的传承方式来思考，

我们就会得到相同的启示。前面已经讲过，中国文化的传承在很大程度上，是通过对传统经典的不断阐述来发展创造的。中国文化的根源性典籍，就是"三玄、四书、五经"。其中，"三玄"和"五经"中的《易》相重，《大学》《中庸》原为《礼记》中的两篇，归并之后实际上有九部根源性典籍。根据这九部书，后人又阐发出很多道理来，而这众多的道理又可以统领到这九部典籍中去。可以这样说，中国的文化，既是一散为千万的，同时又是百用而归一的。如果你被经典束缚，你的思想就会止步不前；如果你领会了，就能从这些经典中创造出无数新的思想。在继承基础之上的创造，才是真正有生命力的创造。很多传统的东西都具有旺盛的生命力，在不断、反复的研究中，才会出来更多的新意。

现在的很多人都在讲原创性。其实离开传统的创新是不能长久存活的。中国传统文化中有很多东西值得我们不断去阐释、欣赏。如果离开传统这片土壤，根本不会长出创造的新芽。佛教《百喻经》里讲的一个故事很能说明这个问题。

这个故事说，有一个人家盖了一栋三层的楼，非常漂亮，越到上面越漂亮。有一个人看到这么漂亮，他也去请工人来做。他说，我看到最漂亮的是第三层，一、二层不要，你光给我盖第三层就行了。于是工人就问他，没有第一、二层，可能造第三层吗？不可能的。

"空中楼阁"这个成语就来源于这个典故。是啊，离开下面的基础，怎么会有上面漂亮的楼层呢？如果我们抛弃了中国文化中的这些传统，不但得不到第三层楼阁，中国艺术也会因此而消亡。

中国人的艺术与生活

中国的传统艺术深刻地传达了中国文化的一种精神境界和生活情趣。这不仅仅是艺术和社会的关系，也包括艺术自身的特点。通过艺术教育懂得做人、做事的道理，才能去体会人生，体验生命。

中国的艺术强调经营布置。所谓的经营，就是要把各种关系处理好，有无虚实、刚柔动静、远近疏密、轻重浓淡、高低缓急等都要处理好。不要以为把画布画满才漂亮，有的时候空着恰恰是最好的。像白居易的《琵琶行》写到的"别有幽愁暗恨生，此时无声胜有声"。

没有声音其实也是一个音节，更有别样的效果。清代一位画家，叫汤贻汾，他在一篇画论里讲：

> 人但知有画处是画，不知无画处皆画。画之空处全局所关，即虚实相生法。（《画鉴析览》）

人只知道有画的地方是画，不知道没画的地方处处都是画。往往画中空的地方才是全局关键的地方，也就是虚实相生。把所有的格局、虚实、浓淡都布置得当，达到和谐，才是好的艺术。

通过这些艺术思想，可以体会到很多做人、做事的道理。因此艺术的修养，不仅能使一个人懂得艺术，更重要的是能使其成为一个更具智慧的人。通过一个人的艺术欣赏趣味，往往可以看出他人品的高下、做事能力的高低。

中国艺术的方方面面，都体现了中国文化最根本的人文精神，礼乐教化的精神。这些都集中反映了中国人的生活情趣和对精神境界的追求。

现在整个文化氛围发生了变化，要懂得中国文化的精神，直接由道入手是比较困难的。因为道都是一些比较抽象的道理，很难理解，而由艺入手就比较容易。很多人都喜欢欣赏中国的古典诗词。但我们读诗的时候，不要仅仅停留在诗的本身，还要看一些诗论、词话来弄明白，为什么中国的诗词是这样表达的。这对我们了解中国文化的艺术精神是十分有帮助的。

第八篇

中医与中国文化

中医是中国传统文化不可分割的一部分，它的理论和实践充分体现了中国传统文化的根本观念和思维方式。中医认为天地之气是生命的本源，这也是中国传统文化对生命的认识。中医强调阴阳平衡，讲究五行生克，在其养生理论中也有顺其自然之说，这些都与中国传统文化的精髓一脉相承。

中医理论之源

整体关联

中医与中国传统文化有着非常密切的关系。它的理论及实践最全面地体现了中国传统文化的根本观念和思维方式。如果说中医是一种巫术、一种迷信，是一种不科学的医学，实际上也就是说，中国的文化是不科学的，它也是一种巫术。因为中医理论是在中国传统文化这种整体的辩证思维方式下展开的。中医的理论观念跟中国传统文化的许多理论观念，可以说完全一致。

我们已经说过，中国传统文化是与西方文化不同类型的文化模式，在这种文化中产生的医学、医术跟西方的医学、医术也是不尽相同的。因此，不能简单地用西方的医学和医术来衡量中国的医学和医术。

中医本身体现了中国文化各方面相互联系的特点。中国文化不是分成单个的门类，而是互相关联在一起的。不管是文史哲也好，政经法也好，农工医也好，甚至于军事，许多理念都是相通的。医学的理论可以用在文史哲上面，文史哲的一些理念也可以用在医学上面。像中医里运用的阴阳五行、天人合一等观念，都是中国文化其他各个方面，特别是哲学中存在的观念。所以，了解中医理论，对于中国传统文化也会有进一步的认识。

通天下一气

中医对于生命的认识，其实也是中国文化对于生命的认识。中国传统文化中，虽然有一些譬如女娲造人的神话传说，但从根本上来讲，中国的整体文化，包括中医在内，没有关于生命是神造的或者是神赋予的这样一种观念，而是认为生命来源于天地之气。天地之元气是生命的本源。

庄子就讲过："通天下一气耳。"天下都是一种"气"。"人之生，气之聚也；聚则为生，散则为死。"（《庄子·知北游》）人的存在就是气的集聚，气聚就是生，气散就是死。

中国的整个思想体系都认为生命就是"气"的生成。具体来讲，可以说是精气和浊气的结合，浊气形成人的形体，精气成为人们精神活动的来源。实际上，精气在某种程度上，也指一个人的生命力。因此，精气和浊气二者缺一不可，要形神相结合，才会有一个生命体的产生和存在。

东汉时期著名的哲学家王充说："天地合气，物偶自生，犹夫妇合气，子自生矣。"天地阴阳之气相合，就产生了万物。人完全是自然的一个产物。

历代的思想家、医学家都强调气的根本性，指出生命如果离开了气，就会结束。董仲舒在《春秋繁露》中就讲道：

民皆知爱其衣食，而不爱其天气。天气之于人，重于衣食。衣食尽，尚犹有闲，气尽而立终。

人们都知道珍惜衣服和食物，却不爱"天气"，这个"天气"指的就是人秉承的元气。"天气"对于人来讲，比衣食要重要得多。衣服穿坏了，食物吃光了，都没有关系，可以想办法再找。但如果气尽了的话，马上就死了。气对于生命来讲是十分重要的。

中医最重要的经典《黄帝内经》中也讲道："天覆地载，万物悉备。莫贵于人，人以天地之气生，四时之法成。"认为人禀受了天地之气而生，应当按照四时运行的规律活动。

中医常常讲先天、后天。人在出生之前，是秉承天地之气而孕育，这时的气对于这个人来讲就是先天之气；而生下来之后，又无时无刻不在呼吸，这就是后天之气。人有先天之气跟后天之气，而后天之气又在不断地补充先天之气。中医认为，生命就是先天之气和后天之气的结合。气盛，生命就旺盛；气衰，生命就衰竭。如果气尽的话，那么这个人就死了。

所以，"气"可以说是中医理论的一个根本出发点。

中医之道

阴阳平衡

气分阴阳。阴阳平衡是人体健康的最根本的因素。如果阴阳失调的话，就会产生各种各样的疾病。所以，阴阳理论是中医最根本的理论。那么中医又是怎样运用它的呢？

我们来看《黄帝内经》的解释。《黄帝内经》是汉代的一部医学著作，是中医理论全面确立的标志。它的主要内容是黄帝跟他的国师岐伯的对话，因此，现在中医有时候也被称为岐黄之学。《黄帝内经》分为两大部分，一部分叫做《素问》，一部分叫做《灵枢》。《素问》主要是从阴阳五行的理论来说明人的生理、病理，以及治疗疾病的方法；《灵枢》则提出经络学说，成为以后针灸治疗的依据。

《素问》认为，人身的阴阳跟天地的阴阳是完全一致的。它用阴阳来分析人生理上各种各样的问题。

首先拿阴阳的理论来归纳人体脏腑组织的属性，把人的内脏分成脏和腑两大类。脏就是指五脏，包括心、肝、脾、肺、肾；腑是指六腑，包括胆、胃、大肠、小肠、膀胱、三焦这六个部位。

脏和腑是如何区分的呢？脏是指胸腔、腹腔中内部组织比较充实并且具有储存和分泌功能的一些器官。我们看心、肝、脾、肺、肾，它们都具有这种结构特点。而腑主要是指腹腔中那些中空的、有管道的器官，如胃、大肠、小肠、膀胱等，它们都有传导和化解吸收进来的各种东西的功能。

五脏六腑有不同的属性。五脏是阴，六腑是阳，五脏跟六腑是阴阳配合的，可以用阴阳来分析人的病理变化。比如说，阴太盛的话，阳就要病了；阳太盛的话，阴就要病了。阳盛表现为一种热，阴盛表现为一种寒。

之后，用阴阳理论来诊断病症的属性，看是属于寒症还是热症。诊断了病症以后，就要进行治疗，治疗也要先分清阴阳，以确定治疗的方向。如果是寒症，当然就要用热来加以补充。寒就是阴寒，阴寒就用阳补。如果是热症，就要用阴来补。总之，阳病要治阴，阴病要治阳。

这种阴阳理论实际上就是利用事物之间对立统一、相辅相成的规律来判断和分析人的生理状况、病理状况，然后进行相应的治疗。也就是说，它看到事物之间实际上都是相互联系的，一个地方过了，另一个地方就会衰弱。

中医的治病原则，就是要维持阴阳的平衡。要维持阴阳的平衡，首先就要辨明阴阳的消长，看什么原因造成了阳的过盛，或者反过来，看是什么原因造成了阴的过盛。

中医的阴阳理论是对中国传统文化思维方式的一个最基本的运用。中国传统文化最根本的特点就是中庸之道，所谓中庸，我们讲过，可以倒过来讲，叫庸中，即用中。

为什么要用中呢？因为中就是维持事物的平衡。如果事物失去了平衡，就会产生偏差。平衡就是适度，既不过，也没有不及。我们吃东西吃得过饱了，就会有问题；吃得不够，也会有问题。不管是过饱也好，饥饿也好，都会使身体不适。因此，中医认为一切疾病都来自阴阳的失衡，也就是说失了中道。

从这个意义上讲，不能简单地说中医是指中国的医学，实际上它更是一种中道的医学，"中医者，中道之医也"。

中医就是吸纳了中道的理论，并建立在这个基础之上的。有人说中医不科学，但它的理论基础却是最科学的——符合现在辩证法的原则。

阴阳理论就像辩证法讲的对立统一，既要讲平衡、统一，又要讲矛盾、斗争。之所以要平衡，就是因为有冲突。阴阳如果没有冲突，为什么还要讲平衡呢？根本没有必要。

一个人的身体由于内伤和外感，阴阳也就不断地处于一种不平衡的状态。有些外感是无法避免的，比如气候的变化，所以我们要注意调整自己的生活，以适应外界的各种变化，从而取得一个相对的平衡，这样才能保持身体的健康。

《素问》里就讲到了这一点。《素问》开篇第一章，黄帝首先提出问题：为什么古代的人活到100岁，动作还是非常敏捷，可现在的人刚刚半百的时候，动作就不灵活了，这是怎么回事？岐伯就告诉他说，那是因为上古之人，"食饮有节，起居有常，不妄作劳"。

这三句话是非常重要的。"食饮有节"，就是饮食要有节制。节制不是说不吃，而是要适当，不暴饮暴食，也不忍饥挨饿，这就是饮食有节。"起居有常"，就是有固定的作息时间。"不妄作劳"，就是不没事找事做。其实都是很普通的话，但养生就是靠这些。

岐伯说上古之人正因为这样，才保持了他们形神的完备，所以能够"终其天年"。而现在的人呢？他认为现在的人已经没有办法保持这种有节制的平静生活了。他们是"以酒为浆，以妄为常，醉以入房"。其结果当然就是"竭其精，散其真"，才50岁，身体就非常衰弱了。

《素问》用古人和今人的比较告诉我们，人要想身体健康，就必须懂得保持一种平衡，要有节有常。中医阴阳理论的核心也就在于维持人各个方面的平衡，达到一种安定和谐的状态。

五行生克

中医里面还有一个最基础的理论，就是五行学说。五行学说也是中国文化中一个非常有特色的理论，就是把天地万物归纳成木、火、土、金、水五大类，认为这五大类物质之间有一种相生相克的关系。

譬如说，如果按照木、火、土、金、水的顺序排列的话，它们之间就是"比相生、间相克"的关系。即相邻的相生，相隔的相克。木生火，火生土，土生金，金生水，水生木，这是相生。而木克土，火克金，土克水，金克木，水克火，这是相克。

中医运用这个理论去分析人体脏器之间的关系，而且治疗的时候还运用这种相生相克的关系，来确定从哪个方向入手。

在五脏中，肝属木、心属火、脾属土、肺属金、肾属水。肝能够制约脾，因为肝属木，脾属土，木克土。而脾和肺之间又有滋生的关系，因为脾属土，肺属金，土生金。但肺又能够制约肝，因为肺属金，肝属木，金克木。我们可以看到，这里面实际上形成了一个循环的关系。肝制约脾，脾滋生肺，肺又制约肝。

在运用五行相生相克的循环关系治疗肝脾胃病的时候，就要根据这样的制约关系。比如一个人肺有病，医生不一定直接治肺，如果能把脾胃调好的话，肺病自然也会好。

中医非常注意脾胃，脾胃虚弱可以说是万病之根，万病都来源于脾胃。之所以提出饮食有节，就是因为饮食直接影响到脾胃的健康与否。

这是五行里相生相克的关系，五行还有相乘相侮的关系。所谓相乘相侮，"乘"有乘虚而入的意思，"侮"有恃强凌弱的意思。

比如说，在五行关系里，肝是木，心是火，木生火，所以称肝是母，心是子。如果一个人的心火非常之盛，就有可能是肝不好，所以才造成心火旺盛。这种关系，就叫做母病及子。

这个时候，看心火旺盛该治什么，不是治心，是治肝。这就是五行的具体应用。

反过来的情况就是子病及母。比如说，脾和肺的关系，脾属土，肺属金，土生金，因此脾是母，肺是子。当肺气非常虚弱，发展到一定程度的时候，就会影响脾的功能。那么按照关系来讲，这就是子病累及母。

母病及子、子病及母体现了五行学说的一个核心观点，就是人作为一个生命体来讲，是一个整体，其五脏六腑是相互关联的，而不是一个一个孤立存在的。这可以说是一种非常整体的辩证思维。

中国古代讲"上医治国，中医治人，下医治病"。中医的中也就体现在治人上，而不是单纯地治病。也就是说，中医是把人作为一个整体来治的，而仅仅不是治局部的病。

整体的医学

中医这种局部反映整体的思维方式，可以说体现在方方面面。比如说现在非常风行的足疗，实际上就是脚底按摩。中医认为脚底虽然只是人的一个部分，但它却能够反映出全身的状况来，所以用足疗可以医治各方面的病。

同样还有手，手掌的每个部分，也都反映了全身各个部位的状况。

中医强调的就是整体和局部的这样一种关系。整体之中的每个部分之间是息息相关的。

阴阳理论反映的是平衡，五行学说反映的是整体的相关性，这些都可以说是中国文化最根本的理念，也是宇宙最根本的规律。中医正是运用了这样一种求实的精神来构建它的理论体系。

如果有人认为，中医的阴阳五行理论根本就是不科学的，是模糊的，不可实证的，那只是因为他们已经习惯了现在的一种非常清晰的观念，你是你，我是我，我不是你，你不是我，所以他们就无法认同你是你，我是我，但是我中有你，你中有我这样一种观念。但不能认同并不代表这种理论就是错误的，如果因此就把这种理论彻底否定了，那也就是把中国传统文化的根本理论给否定掉了。

中医理论的存亡，实际上涉及了中国文化根本精神的存亡。如果能够把中医的理论重新确立起来，让大家认识到中医理论的合理性——虽然它不一定符合现在所谓的科学概念，但它本身是科学的——那么对于中国传统文化的信念，也可以恢复、确立起来。因此，复兴中医，是复兴中国文化一个非常重要的途径。

中医养生要诀

不服药为中医

根据中国文化整体思维方式的特点，中医理论并不是要落实到治病这一点上，而是要落实到治人这个层面。因此它不是把治病当作首要的，而把治人作为最根本的出发点。怎样才能治人？用中医的理念来讲就是要养生，要把中医理论落实到养生这个理念上来。《素问》里就讲到"凡人之病，不病于已病而病于未病"。人生病的原因不是在病已发作的时候，而是在他还没有生病的时候就已经存在了。为什么呢？因为"养之不素则病生，治之不素则病成"。

注意这里的"素"字。关于这个字的解释，历来都有一些不同的看法，有一个解释是非常好的，说"素者，本也"，"素"就是本，就是它本来的状况。

那么"养之不素则病生，治之不素则病成"是什么意思呢？就是说养生如果不从根本上来养，就是不按照自然的规律来养的话，就可能会有生病的征兆。而治病如果不从根本上去治，不按照它自然的状况去治，那么就真的生病了。

可以看出中医的养生理念，一是首先治愈未病，治愈未病就是要让人不生病，就是要"养之有素"。已有病的征兆时该怎么办呢？那就要"治之有素"，使它不至于真的变成疾病。

治之有素不一定要吃药，现在总是认为要治好病就得吃药。中医的理论不是这样，吃药并不是最好的办法，最好的办法是不吃药。

汉代是中医理论形成的时代，在《汉书·艺文志》中，记载了关于医的问题，医在古代被称为方术。《汉书·艺文志·方技略》中就记载了许多医书，其中还提到，医方是根据不同药物的性能来治疗各种各样的疾病的。

具体是怎样来治的呢？书中讲道：根据草木的寒温，病的深浅，借助于药物滋养的力量，使得人"气感"调适。最根本的问题是"致水火之齐，以通闭解结"。

就是说，治病不是通过吃药，而是先达到阴阳的平衡，阴阳平衡以后才能"通闭解结"。用中医的理论来讲，所有的病都是身体的某处闭塞了，气不通了，所以就要想办法，让气通顺，从而达到平衡。如果不这样的话，吃药吃错了，以热增热，以寒增寒，精气内伤，就麻烦了。《汉书·艺文志·经方》中有一句话："故谚曰：有病不治，常得中医。"清代有一位学者，对这句话作了一个注解，他说现在江苏苏州一带的人还这么说，"不服药为中医"。

在《黄帝内经》里，黄帝曾经这样问岐伯：我听说古代的人治病，只需要通过移精变气，祷告一下就好了，而现在的人要吃那么多的药，扎那么多的针，结果还是有的治好了，有的治不好，这是怎么回事呢？

岐伯回答说：古人是跟野兽杂居的，天冷了动一动就可以避寒，天热了就到一个比较凉快的屋子里面待着。在家里不会时时念着这个丢不下，那个想得到；在外面也没想过要当官，生活得很恬淡，邪气根本就不能够侵入体内，当然也就用不着吃药扎针了。

但当今之世就不是这样了，人们脑子里有各种各样的想法，因此就有各种各样的忧患。身体也很劳累，而且还不顺从季节的变化，夏天贪凉，冬天就贪热。这样早晚都会产生虚邪的气，并逐渐侵蚀五脏骨髓，外面也伤了五官和肌肤。即使是小病也会非常厉害，光靠祷告又怎么能治呢？

知道了这段话，"有病不治，常得中医"的意思就不难理解了。其实这句话的本意就是指，如果能够调顺身心的话，就可以不服药，这就叫"移精变气"。

现在人们的观念里还存在一个很大的误区，就是认为养生就要吃补药。

很多的商家都在推销营养药、滋补药，但其实都没有必要吃。因为有的时候吃了，反而是有害的，就是营养过剩。在老年人中这样的例子似乎还不是很多，但是在青少年中间，这个问题就显得非常严重。

吃了过多的营养药、滋补药之后，儿童的发育就会变得很不正常。在某种程度上，也可以说是发生了生理变态，早熟了，这是很有害的。因为一个人的成熟跟他的寿命是有关系的，成熟得越快，生命就越短，并不是说成熟得越快，生命就越长，身体就越好。

现在这些营养品、滋补品，在青少年中间已经引起了相当严重的危害，这完全违背了中医的养生理论。

顺其自然

中医养生理论中最根本的一条就是要顺其自然。《黄帝内经·灵枢经·本神篇》里讲：

> 故智者之养生也，必顺四时而适寒暑，和喜怒而安居处，节阴阳而调刚柔。如是则僻邪不至，长生久视。

董仲舒在《春秋繁露》中也说：

循天之道以养其身，谓之道。

什么叫做养生之道呢？就是循天之道养其身。一句话，养生就是顺其自然，人跟人是不一样的，要按照自己的实际情况来循天道。

我有四句话："法无定法，因人而异，理有常理，顺其自然。"认识到这个，养生就好办了。

三理养生

中医讲的养生是很值得探讨的，还有"三理养生"这样一种说法。

所谓三理养生，就是从生理、心理、哲理上来养生。

什么是生理养生呢？包括了好几个方面。首先是动静要适度。运动不能过分，而要根据每个人的情况，进行适度的锻炼。锻炼也不一定拘泥于一种形式，比如有的人爬山心情舒畅，有的人散步就觉得很好。所谓动则养，是从生理机制上来讲的，动可以活络筋骨、疏通气血，但是动和静还得结合起来。静可以说就是适当的休息。

另外，动也不一定就是我们表面上看到的动，其实动也可能是内在的。有的时候，一个人表面上是静的，其实内里还有动。比如说静坐，静坐是一种很好的休息办法，也是一个很好的养生办法。在静坐中，其实就有动，就是通过外部的静，让气在人的身体里面动起来。道家讲有小周天，打通任督二脉，气息循环一个小周天就有这个道理在其中。禅宗的坐禅，也是静中有动，主要通过调身、调息再到调心。

至于太极拳，更是动中有静，静中有动了。我认为太极拳最全面地体现了中医和中国文化内外结合、动静结合、刚柔结合的精神，是一种很好的生理养生的方式。

生理养生的第二个方面，就是食养。食养的关键是要营养均衡，同时不要暴饮暴食，养好脾胃。刚才我讲了脾胃不好可以引起种种病，其实对一个人来讲，脾胃不舒服，各个方面都不舒畅。

我们也必须看到，脾胃不舒服，有时跟精神也有很大的关系。脾胃不好本身也会引起精神的不适。如果能够调适好精神，也会使得脾胃舒畅。它们是相辅相成的。

生理养生的第三个方面，就是要起居有常。

总的来讲，饮食有节，起居有常，不妄劳作，是生理养生最重要的三条原则。

第二层养生的"理"，就是心理养生。心理养生，其实主要包括两个方面，第一个方面是调节情绪，就是调适好七情六欲。

喜怒忧思悲恐惊，这就是七情。中医里讲，七情常常是受到外在的各种刺激后引发的。它有时候是一种生理的反应，在我前面突然出现一个东西，我一点不紧张，一点不惊恐，不可能！所以我常常讲，一个人如果没有喜怒哀乐，就不能算人了。喜怒哀乐是很正常的生理反应，问题是能不能调适好它们。中医主张，对七情六欲应有所节制。就像孔子讲的，"乐而不淫，哀而不伤"，就是说高兴不能过分，悲哀也不能过分。喜怒哀乐一过分都会伤害身体。能不能调节好情绪，这是一个心理的问题。

心理养生中最重要的就是要能够调适自己的情绪，不要有那种大忧愁、大悲哀，也不要有所谓的大喜，太高兴就有可能乐极生悲了。如果能够保持七情不受干扰，能够保持一种平和心境的话，按照中医来讲，真气就能内存，人的五脏六腑的气血就可以调和流畅了。那些各种各样的邪风，就无法乘虚而入。这样的话，你的身体就可以百病不生。

心理养生的另一个内容，就是修养德行，即提升自己的品德。《论语》里面也讲过，"智者乐，仁者寿"。仁者就能寿，过去俗话里也讲了，有大德者必长寿。

唐代有一个非常著名的医学家，叫孙思邈，他在自己的医学著作《千金要方》里就说过："德行不克，纵服玉液金丹亦未能延寿。"也就是说，你的德行如果不能够达到一个很好的程度的话，即使服用什么玉液金丹，也不能够延长你的寿命。

他还讲："道德日全，不祈善而有福，不求寿而自延。"如果你的道德不断地完善，即便你不去祈求善也有福，不求寿也会延长寿命。

他最后得出结论是："此养生之大旨也。"这就是养生的根本道理。

第三层"理"是什么呢？就是哲理养生。哲理养生是更高层次的养生，涉及每个人的人生观、世界观。简单说来，就是你悟透了人生的道理，悟透了世界的道理。那么，怎么样叫悟呢？

明末清初有一个著名的思想家叫王夫之，他就提出了一些哲理方面养生的说法，叫做"六然四看"。

"六然"是指什么呢？

第一，自处超然。自处就是自己对待自己。自己怎样来看待自己呢？要超然。态度要超然，也就是说，要达观、豁达。

第二，处人蔼然。处人是对待别人，就是说对人要非常和气，与人为善。

第三，无事澄然。没有事情的时候要"澄然"，澄是非常清澈、非常宁静的意思。就是说，没有事的时候要非常宁静。如果说自处超然有点淡泊的意思，无事澄然就是宁静，宁静就可以致远。

第四，处事断然。就是处事要有决断，不能优柔寡断、犹犹豫豫。

第五，得意淡然。就是说得意的时候要淡然，不居功自傲，忘乎所以。

第六，失意泰然。失意的时候要泰然处之，别把它看那么重。

自处超然，处人蔼然，无事澄然，处事断然，得意淡然，失意泰然这六个然，不就是一种人生态度、一种人生观吗？是不是很有道理？

还有"四看"。四看其实也很有意思。看什么？

第一，大事难事看担当。遇到大事难事，要看你能不能勇于面对它，是不是不回避、不逃避，勇敢地担当起来。

第二，逆境顺境看襟怀。碰到逆境，或者处于顺境，这时就要看你的襟怀够不够豁达，能不能够承受得起。

第三，临喜临怒看涵养。碰到了喜事或者令人恼怒的事，换句话说，就是得失了，喜就是得，怒就是失，就要看你的涵养，能不能宠辱不惊。

第四，群行群止看识见。所谓行止，也就是去留的意思，碰到去留的问题，就要看你的识见了，看你能不能作出正确的判断，该去就去，该留就留。

大事难事看担当，逆境顺境看襟怀，临喜临怒看涵养，群行群止看识见，这四看实际上也就是一种对人生、对社会很透彻的了解和把握。这些都是在更高的思想层面上来讲的，因此叫做哲理养生。

我觉得中医在养生方面非常深入，从生理到心理到哲理，都考虑到了。现在很多的病都停留在治疗生理层面上。但全世界都开始认识到人们亚健康的状态是越来越严重了，所谓的亚健康状态，其实就是心理越来越不健康，心理疾病越来越多。心理层面的治疗现在已被提到一个相当高的地位。中国现在拼命地学人家，其实这个方面中国的资源是最丰富的。

现在，我们还没有哲理方面的治疗，甚至于还没有意识到治病还要从哲理方面去治。其实哲理方面的治疗就是培养一种正确的人生观、世界观，我觉得这对人的健康而言可能具有更重要的意义。也就是我们常常讲的要心胸开阔、心境平和。

心胸开阔、心境平和，应该说停留在心理层面上还解决不了，必须到最高层次，即人生的意义、人生的价值的认识层面才能解决。"仁者寿"这话绝对是有道理的，问题是我们能不能做到。

我想中医理论的核心、落脚点就在养生上，即治病于未病。我们也可以看到，中医的思想，不是仅仅针对某一个具体的实际的病，而是从整体上来治疗。从饮食、起居、心理、哲理各方面进行总体调节。也就是把一个人看作是一个有生命的个体，生病不可能只是个体某一部分孤立地出问题了，一定是整体上都有问题。

用这样一种整体的辩证的思维方式来看待一个生命体，应该说是中医最根本的一个基点。治疗要有整体的调适，只有整体的调适才能够从根本上治好病。

中医讲固本培元，要从根本上入手，治标必须治本，或者是标本兼治。在中医里面，处处都体现了整体的观念，体现了相互关联、以本统末的观念。

我们只有真正认识到中医的这些理论和它几千年实践的经验，认识到它真正的价值，才能够真正地看到中医里面所体现出来的中国文化的精髓，才能够真正认识到中华文化的意义、价值之所在。

图书在版编目（CIP）数据

中国的品格 / 楼宇烈著. -- 成都：四川人民出版社, 2024.1

ISBN 978-7-220-12977-3

Ⅰ.①中… Ⅱ.①楼… Ⅲ.①中华文化—通俗读物 Ⅳ.①K203-49

中国国家版本馆CIP数据核字（2023）第192160号

ZHONGGUO DE PINGE

中国的品格

楼宇烈　著

出 版 人	黄立新
责任编辑	邹　近　任学敏
特约编辑	张　芹
封面设计	叶　茂
版式设计	张迪茗
责任印制	周　奇
出版发行	四川人民出版社（成都三色路238号）
网　　址	http：//www.scpph.com
E-mail	scrmcbs@sina.com
新浪微博	@四川人民出版社
微信公众号	四川人民出版社
发行部业务电话	（028）86361653　86361656
防盗版举报电话	（028）86361653
照　　排	四川胜翔数码印务设计有限公司
印　　刷	三河市中晟雅豪印务有限公司
成品尺寸	135mm×203mm
印　　张	8
字　　数	154千
版　　次	2024年1月第1版
印　　次	2024年1月第1次印刷
书　　号	ISBN 978-7-220-12977-3
定　　价	68.00元